GÉNÉALOGIE

DE LA MAISON

DE

MURAT DE LESTANG

Par M. le Marquis de MURAT

AVEC LA COLLABORATION

DE

M. LE VICOMTE DUGON

VIM FIRMITATE REPELLO

LYON

IMPRIMERIE MOUGIN-RUSAND

3, rue Stella, 3

—

1892

GÉNÉALOGIE

DE LA MAISON

DE MURAT DE LESTANG

GÉNÉALOGIE

DE LA MAISON

DE

MURAT DE LESTANG

Par M. le Marquis de MURAT

AVEC LA COLLABORATION

DE

M. le vicomte DUGON

VIM FIRMITATE REPELLO

LYON

IMPRIMERIE MOUGIN-RUSAND

3, rue Stella, 3

—

1892

GÉNÉALOGIE

DE LA FAMILLE

DE MURAT DE LESTANG

L'opinion des généalogistes Duchêne, Chorier, Barsan, Maignien, est que la famille de Murat de l'Estang est une branche cadette de la famille des vicomtes de Murat d'Auvergne, qui a pour auteur Géraud Ier, vicomte de Murat, qui vivait en 950 et était fils de Bernard Ier, vicomte de Carlat et de Milhau, mort en 938. L'hypothèse la plus vraisemblable est qu'un cadet de cette maison, Gui de Murat vint s'établir vers l'an 1200 par une alliance en Rouergue dans le mandement de Cassagnes-Comtaux dont il était coseigneur à cette époque avec la famille de La Tour et s'y fit construire un château auquel il donna le nom de l'Estang (de *stagno*) à cause du grand étang qui se voit encore aujourd'hui au pied de ses murs. Cette branche

I

prit le nom du château qu'elle habitait pour se distinguer de la branche aînée et ses possessions s'étant rapidement accrues formèrent en 1350 le mandement de l'Estang.

Ce qui transforme cette hypothèse presque en une certitude, c'est la similitude absolue des armes des vicomtes de Murat avec celles des seigneurs de l'Estang qui étaient et sont encore : *D'azur à trois fasces muraillées d'argent, celle de pointe porticée*, telles qu'on les voit dans la salle des croisades à Versailles et sur les portes des châteaux de l'Estang et de Pomairols.

La devise elle-même n'a subi qu'une bien légère modification : celle de la branche aînée était :

Vim utraque repello.

Celle de la branche cadette est :

Vim firmitate repello.

Une généalogie de la famille de Murat de l'Estang, établie par M. Edmond Maignien, d'après les archives de la bibliothèque de Grenoble, avait été publiée par les soins du marquis de La Baume-Pluvinel, en 1879, mais elle ne concernait que la branche de cette famille établie en Dauphiné en 1450. La découverte récente faite aux archives du château de Moidière de titres fort nombreux et fort anciens permettant d'en suivre la filiation sans interruption jusqu'à Gui de Murat qui vivait en 1261, a donné au marquis Henri de Murat, dernier descendant de la branche du Dauphiné la pensée de réunir en une même généalogie tous ces nombreux renseignements. Ces précieux papiers de famille avaient été remis à Chorier, généalogiste du roi, lorsque le marquis Casimir de Murat obtint les honneurs de la cour, en 1787, et échappèrent ainsi à l'incendie du château de la Sône, brûlé en 1789.

Ier DEGRÉ

GUI DE MURAT, seigneur de l'Estang, chevalier. Le titre le plus ancien de la famille est un accensement passé le samedi après la fête de la Nativité de l'an 1261, par Gui de Murat, seigneur de l'Estang, chevalier, et Aymerige, sa femme, sous la réserve d'une rente et de la directe seigneurie. Défense est faite à l'emphytéote de faire transfert des fonds concédés à chevalier, clergé ou maison religieuse (1).

Gui de Murat eut deux fils :

1° Aymeric, qui suit ;

2° Géraud.

Gui de Murat.
Aymerige ...

IIe DEGRÉ

AYMERIC DE MURAT, seigneur de l'Estang, fils de Gui de Murat et de la dame Aymerige . . . . . . qualifié damoiseau, seigneur et monseigneur. Aymeric figure en

Aymeric de Murat
Raymonde d'Arpajon.

(1) Expéditions authentiques de l'époque, sur parchemin. Arch. du château de Moidière.

1261 comme témoin dans l'acte précité. Il passa en son nom, comme damoiseau de Cassagnes et en celui de son frère Géraud, divers accensements de terres situées à Cassagnes-Comtaux, Goutrens et Glassac aux dates de 1264, 1266, 1273, 1274 (1). Le comte de Rodez lui reconnut en 1278 tous droits de juridiction même ceux de mutilation et de mort dans l'étendue du mandement de Cassagnes (1). Aymeric de Murat épousa Raymonde d'Arpajon dont il eut :

1° Olivier, qui suit.

IIIᵉ DEGRÉ

Olivier de Murat.
Alix de La Tour.

OLIVIER DE MURAT, seigneur de l'Estang, damoiseau, fils d'Aymeric de Murat et de Raymonde d'Arpajon. Olivier passa divers accensements et investitures qui portent les dates de 1286, 1289, 1293, 1298, 1303, 1310, 1311, 1313, 1317 (1).

Il prêta hommage, le 3 juillet 1323, à Jean d'Armagnac, comte de Rodez, pour le château et mandement de Cassagnes et les terres de l'Estang, Gontrens, Glassac, Saint-Christophe, Testet, Clairvaux, Vernejol, et le lendemain pour le château de Salles et les fiefs qui en dépendaient (2).

---

(1) Expéditions originales du temps, sur parchemin. Arch. du château de Moïdière.

(2) Extrait notarié de l'époque. Arch. du château de Moïdière.

Il vivait encore en 1313, date à laquelle il passa un accensement (1).

Olivier de Murat avait épousé Alix de La Tour dont il eut :

1° Amalric, qui suit ;

2° Yzarn, qui entra dans les ordres ;

3° Galliène, mariée à Austorge de Favar ;

Nota.¹ — Dans les différents actes passés par Olivier de Murat figurent Bérard, Gui, Pierre, Aymeric et Bar de Murat, ses frères ou ses enfants, mais aucune désignation spéciale ne permet de leur attribuer une place certaine dans la généalogie. Bérard devint prieur de Laurejol, Gui fut religieux. *Pierre de Murat,* entra aussi dans les ordres, devint évêque de Saint-Flour puis archevêque de Bourges. Élevé à la pourpre cardinalice en 1369 il fut successivement camerlingue de l'église romaine, vicaire général du Pape et évêque d'Ostie. Il mourut à Rome le 26 novembre 1377 (2).

IVᵉ DEGRÉ

AMALRIC Iᵉʳ DE MURAT, seigneur de l'Estang, damoiseau, fils d'Olivier de Murat et d'Alix de la Tour.

Amalric de Murat.
Hélène de Caumont.

Amalric passa un grand nombre de reconnaissances pendant les années 1313 et suivantes (3).

Il reçut, en 1343, quittance de la dot de sa sœur Gal-

(1) Extrait notarié de l'époque. Arch. du château de Moidière.

(2) Voir Duchêne *Histoire des Cardinaux* t. I, fᵒ 612 et t. II, aux preuves, p. 435.

(3) Expéditions originales du temps, sur parchemin. Arch. du château de Moidière.

liène, mariée à Austorge de Favar, damoiseau. Il hommagea à Jean d'Armagnac, comte de Rodez, le 25 février
1340 (1) et le 25 juillet 1344 (1), ses possessions du comté
en présence d'Amalric de Narbonne, de Guillaume de
Saint-Paul, de Giraud de La Garrigue et de Guillaume de
Cardaillac. Amalric épousa Hélène de Caumont, dont il
eut :

   1° Bérard, qui suit ;
   2° Gailharde, prieure de l'abbaye de Puy de Vernhe ;
   3° Alix, religieuse en l'abbaye de Puy de Vernhe ;
   4° Alasie, mariée à Raymond de La Tour, damoiseau ;
   5° Guigonne, mariée à Guiscard d'Apchon de Caylus.

Ve DEGRÉ

Bérard de Murat.
1° Jeanne Rossin-
hol.
2° Guise d'Espar-
rou.

BÉRARD DE MURAT, seigneur de l'Estang, coseigneur de
Cassagnes–Comtaux et de Glassac, damoiseau, fils d'Amalric Ier de Murat et de Hélène de Caumont.

Bérard de Murat étant mineur à la mort de son père,
arrivée en 1349, son tuteur, Bertrand du Mans, damoiseau,
coseigneur de Montarnal, fit faire, le 8 juillet 1350, un
inventaire très complet et fort curieux des biens de la
succession échue à son pupille. L'inventaire des archives
du château de l'Estang énumère plus de 370 actes publics,
testaments, achats, compromis, accensements, lauzines de

---

(1) Extraits notariés du registre des hommages du comte de Rodez.
Arch. du château de Moidière.

possessions et fiefs mouvant dudit château, plus quatre livres de la cour de justice des seigneurs de l'Estang (1).

Bertrand du Mans passa plusieurs accensements au nom de son pupille, de 1350 à 1360 (1).

Bérard était encore mineur de 25 ans, lorsqu'il épousa, le 3 février 1362, Jeanne Rossinhol, fille de Gaillard Rossinhol de Rodez.

Béatrix Rossinhol, mère de ladite Jeanne, avait profité de la jeunesse de sa fille pour lui faire signer en sa faveur, le 18 janvier précédent un contrat de donation universelle, en cas qu'elle vînt à décéder sans enfant, mais par une transaction intervenue à la médiation de dame Béatrix de Clermont, comtesse de Rodez ce contrat fut annulé le 13 juillet 1364.

Bérard de Murat prêta hommage au comte de Rodez, le 8 juillet 1362 et renouvela cet hommage le 3 juillet 1384 (2) et le 3 mars 1391 en présence de Guion de Severac, Guillaume de Saunhac, Guion Brenguier et Déodat Erailh.

Par son testament fait à l'Estang, le 3 mai 1403, en présence des seigneurs Sicard d'Aréfat, Guillaume d'Esparrou, Frotard de La Tour, Raymond de Bertholène, il fait une foule de legs pieux aux pauvres de tous les lieux où il avait des droits : à Goutrens, Glassac, Cassagnes, Montbasens, Saint-Laurent de Salles, Cadayrac, Caumont, Saint-Jullien, Meliat, Notre-Dame de Rodez, Clairvaux, Saint-Georges, Saint-Barthélemy, Viomine, Saint-Sébastien, aux quatre ermites du diocèse et aux quatre couvents de Rodez ;

---

(1) Expéditions authentiques sur parchemin. Arch. du château de Moidière.

(2) Extrait authentique de l'époque du registre d'hommage. Arch. du château de Moidière.

Fonde une chapelle et un service anniversaire perpétuel en son château de l'Estang ;

Fait un legs à sa femme, Guise d'Esparrou, et veut qu'elle puisse prendre sa vie durant du bois dans ses forêts, des pigeons dans ses colombiers, des poissons dans ses étangs ;

Lègue 50 florins d'or à chacun de ses enfants, et veut qu'il soit pourvu par son héritier à leur nourriture, leur vêtement et leur éducation, et nomme Amalric, son fils aîné, son héritier universel (1).

Bérard vécut jusqu'en 1409.

Il avait épousé en secondes noces Guise d'Esparrou, fille de Gaspard, seigneur d'Esparrou.

De ses deux mariages naquirent onze enfants :

1° Sibylle, mariée au seigneur Sicard d'Aréfat, chevalier ;

2° Hélène, religieuse à Rodez, décédée en 1403 ;

3° Alix, religieuse au couvent de Saint-Projet ;

4° Meraude, mariée à Bertrand Palliot de Rodez ;

5° Marguerite ;

6° Antoinette ;

7° Gauside, religieuse au couvent du Bois ;

8° Amalric, héritier universel de son père, il suit ;

9° Raymond, prieur de l'abbaye de Cadayrac ;

10° Olivier, chanoine, prieur de l'abbaye de La Ramière ;

11° Bérard, destiné aux ordres sacrés.

---

(1) Expédition auth. sur parchemin. Archives du château de Moidière,

VIᵉ DEGRÉ

AMALRIC DE MURAT, IIᵉ du nom, qualifié de haut et puissant seigneur de l'Estang et Glassac, coseigneur de
Cassagnes-Comtaux, chevalier, fils de Bérard de Murat et
de Jeanne Rossinhol.

AMALRIC II de Murat fut, par brevet du 20 janvier 1405,
écuyer du dauphin Louis, fils aîné du roi Charles VI. A la
mort de ce prince, il continua à remplir les mêmes fonctions
auprès de son frère Charles, plus tard Charles VII. Il était à
la cour, lorsque, après la mort de son père dont il était l'héritier, il donna procuration, en date du 3 octobre 1409, à
l'effet de recueillir sa succession, à Raymond de Murat, son
frère, à Frotard de la Tour et à Jean de Saint-Félix, qui
firent faire l'inventaire général des biens. A l'inventaire des
archives de l'Estang figurent 412 actes publics, parmi lesquels huit actes d'hommages, dix testaments et plusieurs
lettres patentes des comtes de Rodez et des rois de France
reconnaissant aux seigneurs de Murat tous les droits de
haute, basse et moyenne justice dans toute l'étendue du
mandement de l'Estang (1).

Amalric II prêta hommage à Bernard d'Armagnac, comte
de Rodez, le 28 janvier 1411, et renouvela cet hommage
à Jean, fils de Bernard, le 10 août 1418. Il reconnaît tenir
en fief franc et libre, toutes ses possessions des mandements de l'Estang et de Concourès, des châtellenies de

Amalric II de Murat
Catherine
de Massip.

---

(1) Extraits auth. sur parch. des archives du domaine, à Montauban.
Arch. du château de Moidière.

Cassagnes-Comtaux et Glassac, et de la paroisse de Boudon, et constate qu'en tous ces lieux il a tous droits de juridiction, même de mort et de mutilation (1).

Il reçut, en 1422, un don de Jean d'Armagnac, qui prend dans l'acte le titre de vicomte de Murat.

Marguerite de Murat, dernière héritière de la branche aînée de cette famille, venait en effet de céder tous ses droits sur le vicomté de Murat aux d'Armagnac, après que ceux-ci, avec l'aide des Anglais, eurent pris et incendié le château de ce nom en 1414 (1).

Retenu loin du Rouergue par son service auprès du roi Charles VII, Amalric II donna, le 8 juin 1424, procuration à son frère Raymond, prieur de Cadayrac, à l'effet d'administrer ses biens.

Un grand nombre d'accensements et d'investitures furent donnés en son nom aux dates de 1424, 1425, 1435, 1436, 1437, 1438 et 1439 (1).

Amalric II de Murat avait épousé Catherine de Massip, fille de Bertrand de Massip, seigneur de Bournazel et de Flars.

Il eut :

1° Anne, mariée à Hector de Melet, seigneur de Beaufort ;

2° Charles, qui a continué la branche aînée en Rouergue ;

3° Bérard, auteur de la branche de Murat-Pomairols ;

4° Guitard, auteur de la branche des Murat de Céor de Lestang ;

5° Bertrand, auteur de la branche actuelle des marquis de Lestang ;

---

(1) Expéd. authent. sur parchemins et papiers. Archives du château de Moidière.

6° Bernard, qui épousa Julie de Lafon-Finayrols, et n'eut qu'une fille, Gabrielle, mariée à Raymond de Morlhon, baron de Sauvensa et Castelmary.

7° Pierre, prieur de Guinaise et Glandage en Dauphiné, prieuré dépendant de l'abbaye d'Aurillac, dont Pierre était religieux.

VII° DEGRÉ

CHARLES DE MURAT, chevalier, seigneur de l'Estang, coseigneur de Cassagnes-Comtaux, Concourès et Glassac, et par son mariage seigneur de Monteils, de La Roquête, fils aîné d'Amalric II de Murat et de Catherine de Massip, il en fut l'héritier universel et continua la branche aînée.

Charles de Murat.
Jeanne de Morlhon.

Charles était mineur à la mort de son père, en 1439, et resta sous la tutelle de sa mère, Catherine de Massip, qui passa en son nom plusieurs accensements aux dates de 1440, 1442 et 1443 (1). Majeur en 1448, il fit plusieurs investitures en son nom aux dates de 1452, 1453 et 1458 (1).

Son frère Bertrand de Murat, qui par son mariage avec Antoinette de Quincieu, quittait définitivement le Rouergue pour s'établir en Dauphiné, lui donna le 1ᵉʳ mars 1452 quittance générale de tout ce qui lui revenait de la succession de leur père Amalric II (2).

Charles de Murat fut médiateur avec Lardit de Bor, sénéchal de Rouergue, Antoine Gautier, seigneur de Saunhac et Jean de Balaguier, seigneur de Monsalès, au différend

(1) Expéditions auth. Arch. du château de Moidière.
(2) Extrait des archives de la Bibliothèque nationale (fond Saint-Martin des Champs.)

entre noble Jean de Massip, chevalier, seigneur de Bournazel, et son fils, Hugues de Massip, conseiller et chambellan du roi (1).

Par son testament du 5 octobre 1481, Charles fait une
foule de legs pieux, donne 1,000 livres à chacune de ses
filles et 200 écus d'or à ses deux fils cadets ; il nomme
Jean, son fils aîné, héritier universel.

Il avait épousé Jeanne de Morlhon, dame et héritière de
Monteils et de la Roquête, dont il eut :

1° Jean, qui suit :

2° Alric ;

3° Aman ;

4° Antoinette ;

5° Catherine ;

6° Marie.

VIIIe DEGRÉ

Jean de Murat.
Gabrielle d'Espa-
gne-Montespan.

JEAN DE MURAT DE LESTANG, chevalier, seigneur de
Lestang, Monteils, La Martres, La Roquête, Cadayrac,
coseigneur de Cassagnes-Comtaux, fils de Charles de
Murat et de Jeanne de Morlhon, dont il fut l'héritier universel par le testament du 5 octobre 1481 (1).

Il figura comme témoin dans l'acte de société passé entre
ses cousins germains, Antoine et Aynard de Murat, au
château de Hauterive en Dauphiné, le 11 décembre 1495,
et y prend le titre de chevalier (1).

---

(1) Expéditions authentiques sur parchemins. Arch. du château de
Moidière.

Il figure dans des actes de 1497 et de 1510, mais il était mort avant 1516.

Il avait épousé Gabrielle d'Espagne de Montespan, dont il eut :

1° Marguerite, qui épousa en premières noces en 1526, Antoine de Lostanges, seigneur de Beynac en Quercy, en deuxièmes noces Pons de La Tour, coseigneur de Salles-Comtaux en Rouergue et de Rochebrune en Auvergne. Veuve en 1544, Marguerite se retira à Curabors, juridiction de Calmont de Plancage ;

2° Gabrielle, qui épousa en 1527 Jean de La Valette, troisième du nom, seigneur de Parisot, Grammont, Pradines, dont elle eut huit enfants ;

3° Gabriel, qui épousa Marie de Morlhon, fille de Pierre de Sauvensa et de Delphine de Maruyeis ;

4° Germain, qui suit :

Nota. — Il est à remarquer que le mariage de Marguerite de Lestang avec Pons de La Tour est la troisième alliance entre les familles de Lestang et de La Tour, dont les seigneuries étaient d'ailleurs voisines. Nous voyons, en effet, que Olivier de Murat épousa en 1310 Alix de La Tour, et que sa fille, Alice de Murat, épousa Raymond de La Tour, damoiseau, seigneur de Salles-Comtaux.

IXᵉ DEGRÉ

GERMAIN DE MURAT DE LESTANG, chevalier, seigneur de Lestang, Monteils, La Roquête, Combrouse, coseigneur de Cassagnes-Comtaux, fils de Jean de Murat, chevalier, et de Gabrielle d'Espagne-Montespan.

Germain de Murat.
Jeanne de Lauziè-res-Themines.

Mineur à la mort de son père, il eut pour tutrice sa mère, Gabrielle d'Espagne-Montespan, qui passa au nom de son fils divers actes datées des années 1516 à 1520.

Germain passa lui-même divers actes en son nom, en 1532, 1538 et 1554.

Il épousa en 1537 Jeanne de Lauzières-Themines, dont il n'eut qu'une fille, Gabrielle, héritière de tous les biens de la branche aînée de la famille de Murat de Lestang.

Elle épousa, le 21 juin 1563, François Iᵉʳ de La Valette, baron de Cornusson, maréchal de camp général, sénéchal de Toulouse, gouverneur du Rouergue, conseiller du roi en tous ses conseils, chevalier des ordres de Saint-Michel et du Saint-Esprit.

La plupart des terres de la famille de Lestang restèrent dans la famille de La Valette jusqu'en l'année 1725, date à laquelle elles passèrent par testament aux mains du chevalier de Barriac qui les aliéna. Quant au château même de Lestang, il fut donné en dot à Gabrielle de La Valette-Cornusson, en 1583, et appartint successivement aux familles du Cros de Bérail, de Bonnefous et de Destresses; vendu comme bien national, Lestang a été racheté depuis par le comte de La Panouse.

BRANCHE DE LA ROMIGUIÈRE

ET POMAIROLS (1).

———

VIIᵉ DEGRÉ

BERARD, appelé aussi dans le cours des mêmes actes BERAUD DE MURAT DE LESTANG, chevalier, seigneur de Morestel et plus tard de Rignac, La Romiguière, Pomairols, Rouescas, coseigneur de Concourès et de La Roque-Sainte-Marguerite, chambellan du roi et son conseiller, fils d'Amalric II de Murat et de Catherine de Massip.

Il fut d'abord comme son frère Bertrand, écuyer, puis échanson du dauphin, et c'est à ce titre que par acte passé à Bourgoin le 13 février 1448, le dauphin lui vendit la terre et seigneurie de Morestel, engagée à Guillaume de Rous-

Berard ou Béraud
de Murat.
Gabrielle
de La Romiguière.

———

(1) Presque tous les renseignements concernant cette branche ont été fournis par les *Documents Historiques et généalogiques du Rouergue*, publiés par M. de Barsan, et complétés sur des titres de famille.

sillon, seigneur du Bouchage. Par de nouvelles lettres données à Bourgoin le 12 septembre de la même année, il le nomma garde et châtelain des mandements, villes et châteaux de Chalançon et de Durfort, lui permettant d'en toucher toutes les rentes à son profit.

Le roi Louis XI lui continua toute la faveur qu'il lui avait accordée comme dauphin.

Par lettres patentes données à Paris le 4 septembre 1461, il le fit capitaine et châtelain d'Usson et d'Issoire en Auvergne. Il le nomma son maître d'hôtel, et bientôt après son conseiller et son chambellan. En 1471 il le chargea de remettre la ville d'Ancenis en Bretagne en son obéissance.

Berard assista, en qualité de témoin, au contrat de mariage de sa nièce, Agnès de Lestang, fille de son frère Bertrand, signé au château de Beaurepaire en Dauphiné, le 1er juillet 1476. Il devait bientôt quitter cette province d'une façon définitive par l'échange qu'il fit avec Imbert de Baternay, seigneur du Bouchage, de sa terre de Morestel en Dauphiné, contre celle de Rignac en Auvergne.

Le contrat d'échange fut signé le 20 mai 1478, et ce fut son frère Charles de Murat, chef de la branche restée à Lestang en Rouergue, qui prit en son nom possession de cette terre.

Berard de Murat épousa, le 27 juillet 1452, Gabrielle de La Romiguière, fille de noble Aimeric de Pomairols, seigneur de Cambon, Bozouls, Montarnal et Rouescas, coseigneur de La Roque-Sainte-Marguerite et de Concourès, et de défunte Louise de La Romiguière. Gabrielle étant sa fille unique et héritière de tous ses biens, Aimeric de Pomairols exigea, par le contrat de mariage, que son gendre prît le nom et les armes de La Romiguière, dont il écartela depuis lors.

Ce mariage éveilla chez Berard un scrupule quelque peu tardif. Il avait fait vœu dans sa jeunesse d'entrer dans l'ordre de Saint-Jean. Il sollicita du pape Pie II des bulles le relevant d'un vœu qu'il ne pouvait plus accomplir, mais il ne reçut la sentence d'absolution que le 15 mars 1465.

Il testa avec Gabrielle, sa femme, au château de Pomairols en 1481. Ils firent héritier de tous leurs biens, Antoine, leur fils aîné.

De son mariage avec Gabrielle de La Romiguière, Berard de Murat laissa :

1° Antoine de Murat de Lestang La Romiguière, seigneur de Pomairols, du Cambon, Bozouls, Montarnal, La Roque-Sainte-Marguerite, chevalier, conseiller et chambellan du roi.

Il fut reçu écuyer du Dauphin dès l'âge de 4 ans, par lettres du 27 juillet 1459, et fut investi des mêmes charges que son père.

De son mariage avec Marquèse d'Estaing (1), fille de Guillaume, baron d'Estaing, il n'eut qu'un fils mort en bas âge. Tous ses biens passèrent à son frère Pierre qui suit.

2° Pierre, qui succéda à son frère aîné, Antoine ;

3° Gabriel, dit le commandeur de Pomairols. Il entra dans l'ordre de Saint-Jean de Jérusalem, devint prieur de la commanderie de Toulouse et fut un des glorieux défenseurs de l'île de Rhodes, lorsque son ordre en fut chassé en 1522 par Soliman II.

---

(1) Après la mort d'Antoine de Murat, sa veuve, Marqu se d'Estaing, épousa en secondes noces noble Vital Herail, seigneur de Lugans, dont la fille, Gabrielle, épousa le 25 janvier 1531, Antoine Izarn, seigneur de Frayssinet.

VIIIe DEGRÉ

Pierre de Murat.
Marie de Teulat.

PIERRE DE MURAT DE LESTANG LA ROMIGUIÈRE, seigneur de La Bastide, puis de Pomairols.

Il épousa Marie de La Bastide-Teulat, dont il eut :

1º François, qui suit ;
2º Gabriel, qui épousa H.   de Flessiat des Arênes ;
3º Jeanne, religieuse à l'abbaye de Saint-Cernin ;
4º Antoinette, religieuse à l'abbaye de Saint-Cernin ;
5º Hélie, religieuse à l'abbaye de Saint-Cernin ;
6º Guillaume, dit prieur de Pomairols.

IXe DEGRÉ

François de Murat.
Anne de Valsergues

FRANÇOIS DE MURAT DE LESTANG LA ROMIGUIÈRE, seigneur de Pomairols. Il épousa, en 1541, Anne d'Albin de Valsergues, fille d'Antoine, seigneur de Valsergues et de Naussac, dont il eut :

1º Antoine, qui suit :

Xe DEGRÉ

ANTOINE II DE MURAT DE LESTANG LA ROMIGUIÈRE, sei- Antoine II de Murat
Jeanne de Berail.
gneur de Pomairols. Il épousa, le 18 juin 1581, Jeanne de
Berail, fille de noble Antoine de Berail, seigneur de
Paulhac, Jamblesse, Belpech, Caylus et Nartes, et de
H.   de Galut de Terraude, dont elle fut l'unique
héritière. Il en eut :

1º Claude, qui suit ;

2º Pierre, qui épousa Catherine de Vernhe.

XIe DEGRÉ

CLAUDE DE MURAT DE LESTANG LA ROMIGUIÈRE DE BÉRAIL, Claude de Murat.
Gabrielle
de La Valette.
seigneur de Pomairols, gentilhomme ordinaire de la
chambre du roi. Il épousa, le 14 novembre 1613, Gabrielle
de La Valette-Cornusson, fille de messire Jean de La
Valette-Cornusson, baron de Cornusson, seigneur de Lestang, Monteil, etc., et petite-fille de François de La Valette-
Cornusson, sénéchal de Toulouse, qui avait épousé en 1563
Gabrielle de Murat de Lestang, héritière de la branche
aînée. Il eut :

1º Jean, qui suit ;

2º Marie, mariée à Jean de La Valette-Parisot ;

3º François, seigneur de Belpech.

XII° DEGRÉ

Jean de Murat.
Anne de Brunet.

JEAN DE MURAT DE LESTANG LA ROMIGUIÈRE DE BERAIL, seigneur de Pomairols, baron dudit lieu.

Il épousa, par contrat du 20 mars 1664, Anne-Marthe de Brunet, fille de Louis de Brunet, seigneur et baron de Pujols et de Castelpers, vicomte d'Ambiallet, et de Anne de Castelpers de Panat.

Il en eut :

1° François, qui suit ;

2° Anne, qui épousa, le 5 octobre 1687, noble Jean de Roux, seigneur de La Loubière. Son frère aîné, François de Murat, étant mort sans enfant, elle hérita de tous les biens de la branche des Murat-Pomairols ;

3° Marie, mariée à Claude de Roquefeuil de Versols, baron de La Guepie (1).

XIII° DEGRÉ

François de Murat-Pomairols, dernier de cette branche.

FRANÇOIS DE MURAT DE LESTANG LA ROMIGUIÈRE DE BERAIL, marquis de Pomairols. Il mourut sans enfant. Tous les biens de Murat La Romiguière de Pomairols passèrent dans la famille de Roux, par le mariage de Anne de Murat,

(1) Sa fille, Élisabeth de Roquefeuil-Versols, épousa le 30 juillet 1716 Casimir d'Izarn de Frayssinet, baron de Valady, son cousin.

sœur aînée de François, avec Jean-Baptiste de Roux, seigneur de La Loubière. Ils n'y restèrent que peu de temps, car les deux fils d'Anne de Murat, Melchior et Jean-Baptiste de Roux, n'ayant pas d'enfant, firent héritier de tous leurs biens leur neveu Jean-Baptiste du Pont, marquis de Ligonès, fils de leur sœur Marie de Roux, mariée le 31 mai 1712 à messire Antoine du Pont, seigneur de Ligonès. Le marquis de Ligonès étant mort sans enfant, le 20 juillet 1791, ses biens passèrent à son frère, Charles-Gabriel du Pont, chevalier de Ligonès, qui vendit Pomairols à M. Aymar de Jalbrun, en 1808.

BRANCHE DE CÉOR

VIIe DEGRÉ

Guitard de Murat.
Jeanne de Taurines

GUITARD DE MURAT DE L'ESTANG, seigneur de Céor, fils d'Amalric II de Murat et de Catherine de Massip, frère de Charles, Bertrand, Bernard et Berard. Guitard épousa Jeanne de Taurines, fille de Bernard, seigneur de Céor. Il paraît au testament de son frère Charles, le 5 octobre 1461 et mourut peu après, car sa femme, Jeanne de Taurines, paraît veuve et tutrice de son fils, Jean, en 1468.

Il eut un fils :

1° Jean, qui suit.

VIIIe DEGRÉ

Jean de Murat.

JEAN DE MURAT DE L'ESTANG, dit de Taurines, seigneur de Céor, Carmaux et Mont-Lauzy.

Jean passa divers actes, assisté de sa mère, Jeanne de Taurines, ou en son nom, de 1468 à 1501.

Il n'eut qu'une fille :

1º Gabrielle, qui épousa, le 15 avril 1501, Gaspard de Moret, baron de Montarnal, dont elle eut :

1º Antoine, baron de Montarnal, chevalier de l'ordre du roi, l'un des cent gentilshommes de Charles IX ;

2º Gui, chevalier de Saint-Jean, commandeur de Bourdaux ;

3º Anne, mariée en 1536 à François de Massebœuf, seigneur de Jarosse ;

4º Jean ;

5º Amalric ;

NOTA. — Les renseignements sur la famille de Moret ont été fournis par le livre de M. de Barsan, cité plus haut.

BRANCHE DES MARQUIS DE LENS-LESTANG

VIIᵉ DEGRÉ

Bertrand de Murat.
Antoinette
de Quincieu.

BERTRAND DE MURAT DE L'ESTANG, fils d'Almaric II de Murat et de Catherine de Massip.

Comme son père Amalric et son frère Bérard, Bertrand de Murat fut d'abord écuyer du Dauphin. C'est sous ce titre qu'il fut nommé, le 12 février 1448, gouverneur et châtelain de Bellequesne en Rouergue. Il était échanson, le 29 octobre 1450, lorsque le dauphin Louis, plus tard Louis XI, lui accorda une rente viagère et annuelle de deux cents livres tournois à prendre sur sa terre de la Côte-Saint-André. « Tant, dit l'acte, en considération de ses bons, louables, agréables et continuels services qu'en contemplation du mariage qu'il allait contracter. » Ces lettres patentes furent données au château de Morestel dont était seigneur Bérard de Murat, frère de Bertrand (1). Les revenus de la terre de la Côte-Saint-André s'étant trouvés exactement égaux au montant de la donation, Bertrand fut

---

(1) Expéditions authentiques de l'époque, sur parchemin. Arch. du château de Moidière.

mis en possession de cette terre et de tous les droits et revenus en dépendant. Il épousa, le 9 novembre de la même année 1450, Antoinette de Quincieu, fille d'Aynard de Quincieu, seigneur de Lens, et de Marie de Chattelard. Au contrat furent présents: Louis de Laval, gouverneur du Dauphiné, Jean Bâtard d'Armagnac, Hugues Bolomier, Jean de Villars, Aynard de Paladru, Hugues de Roue, Jean de Vaulx (1).

L'année suivante, le 4 octobre 1451, le dauphin donna à son cher et bien-aimé écuyer et échanson Bertrand de Murat, en récompense des grands et louables services qu'il lui avait rendus, la jouissance des revenus des terres de Beaucaire et d'Espayrac, en Roüergue, et le nomma gouverneur et capitaine de ces deux châtellenies. Un épisode de la lutte des Armagnacs contre les rois de France allait bientôt le déposséder. Jean V, comte d'Armagnac, accusé d'intelligences avec les Anglais fut enfermé à la Bastille et Charles VII fit prendre en son nom possession des places qu'il possédait; le roi n'exceptait que quatre châtellenies données par lui en Rouergue à son fils le Dauphin. La place de Beaucaire acquise directement par le Dauphin ne figurait pas parmi ces exceptions et le 29 décembre 1451, messire Pierre de Capdenac, grand juge de la sénéchaussée de Rouergue en prit possession au nom du roi en faisant flotter sur ses tours le panonceau fleurdelisé (1).

Bertrand de Murat semble alors abandonner définitivement le Rouergue pour se retirer en Dauphiné, car le 1er mars 1452, il donne au château de l'Estang, à son frère

---

(1) Expéditions authentiques de l'époque, sur parchemin. Arch. du château de Moidière.

aîné, Charles de Murat, en présence d'Antoine de Saunhac et d'Amalric de Morlhon, quittance générale de tout ce qui pouvait lui revenir de la succession de son père Amalric aussi bien que de celles de tous ses frères et sœurs (1). Il assista, le 14 juillet 1476, avec Pierre de Murat, prieur de Guinaise, Berard de Murat, seigneur de Morestel, ses frères, Sibeut de Virieu, seigneur de Faverges, Aynard de Paladru, Aynard de Maugiron et Claude de Chattelard au mariage de sa fille Agnès avec noble Benoit de Pénissin de Dolomieu (1).

Il mourut peu de temps après en Artois, où il avait rejoint le roi Louis XI alors en guerre avec Marie de Bourgogne.

De son mariage avec Antoinette de Quincieu, il eut :

1º Agnès, mariée à noble Benoît de Pénissin, le 14 juillet 1476 ;

2º Claudine, mariée à Jean de Billiemas, damoiseau de Septème (2) ;

3º Antoine Ier, qui a continué la branche aînée ;

4º Aynard Ier, qui fut l'auteur de la branche de la famille de Murat, seigneurs de La Sône ;

5º Girard, religieux à l'abbaye noble de Saint-Pierre de Vienne ;

6º Guichard, religieux à l'abbaye de Saint-Antoine ;

7º Guillaume, qui entra dans l'ordre de Saint-Jean de Jérusalem et était commandeur de Saint-Jean-des-Prés, à Montbrison, en 1515 (3) ;

8º Philibert ;

9º Jean.

---

(1) Expédit. authentiques de l'époque, sur parchemin. Arch. du château de Moidière.

(2) Extraits des archives du département de l'Isère.

(3) Extraits des archives du Chapitre de la vénérable langue d'Auvergne.

VIIIe DEGRÉ

ANTOINE DE MURAT DE LESTANG Ier du nom, seigneur de Lens, fils de Bertrand de Murat et d'Antoinette de Quincieu. Antoine fut avec son frère puîné Aynard de Murat Ier du nom, seigneur de La Sône, cohéritier de son aïeul maternel, Aynard de Quincieu (1). Pour éviter un partage, les deux frères firent, le 11 décembre 1495, un contrat de Société auquel signa leur cousin germain, Jean de Murat, seigneur de Lestang en Rouergue, par lequel ils s'engageaient à posséder et à administrer conjointement tous leurs biens à la charge réciproque de contribuer à l'établissement de leurs filles s'ils n'avaient pas d'héritiers mâles.

Antoine de Murat était alors grand bailli et capitaine d'Etampes. Un rapport constate que son lieutenant Avine passa la revue des gens d'armes du baillage, le 4 juin 1495.

Il épousa, le 28 septembre 1501, Hélène de Montchenu, fille de noble et puissant homme Geoffray de Montchenu, seigneur de Châteauneuf de Galaure.

Par son testament fait à Lens le 20 mars 1534, il nomma son fils aîné Aynard, son héritier universel. De son mariage sont nés :

1° Aynard, mort sans postérité ;

2° Antoine, qui suit ;

3° Gabriel, qui fut reçu chevalier de Saint-Jean de

Antoine de Murat.
Hélène
de Montchenu.

---

(1) Expédit. authentiques de l'époque, sur parchemin. Arch. du château de Moidière.

Jérusalem, le 30 décembre 1517 et devint commandeur de Celle, en Auvergne (1) ;

4° Jean religieux de l'ordre de Saint-Antoine de Vienne;

5° Louis, qui entra à l'âge de 15 ans, le 5 juin 1529, au chapitre de Saint-Pierre de Vienne et obtint, le 26 janvier 1532, par bulle du Pape, l'autorisation de posséder tous bénéfices même incompatibles. Il devint aumônier du chapitre le 14 octobre 1537 ;

6° Anne, mariée à noble Etienne de Tabernier. Elle devint dame de Gillonay et de Pointières;

7° Claudine, religieuse au monastère de Saint-Just, maison fondée par Béatrix de Hongrie;

8° Françoise, mariée à noble Thomassin-Baron, escuyer du lieu de Roussillon et décédée en 1534. Elle eut en dot 1,200 écus d'or qui furent restitués à sa mort à sa mère Hélène de Montchenu. Pour réaliser cette somme, Thomassin-Baron, vendit sa maison forte de Roussillon à Just-François de Tournon, comte de Roussillon ;

9° Aymard, encore mineure en 1534.

IXᵉ DEGRÉ

Antoine II de Murat.
Marguerite de Sainte-Colombe

ANTOINE DE MURAT DE LESTANG IIᵉ du nom, seigneur de Lens et de Moras, chevalier de Saint-Michel, chambellan ordinaire du roi et maréchal de camp général, fils

(1) Extrait authentique sur papier des archives du Chapitre de la vénérable langue d'Auvergne, signé chevalier de Ligonès. Arch. du château de Moidière,

d'Antoine Ier de Murat et de Hélène de Montchenu. Son frère aîné Aynard étant mort sans postérité, il succéda à tous ses biens en vertu de la substitution prévue au testament de son père, du 20 mars 1534.

Antoine suivit la carrière des armes et il était capitaine de la compagnie du comte de Clermont, lorsque par une lettre du 14 février 1555, le maréchal de Cossé le recommanda tout spécialement à Anne de Montmorency. Il se montra digne de la confiance du connétable, car dès 1560, il reprenait sur les réformés la ville de Mâcon et enlevait aux ennemis dix-sept bateaux chargés de vivres et quatre canons.

Ce fut en considération de ce fait d'armes qu'il fut nommé chevalier de Saint-Michel et plus tard gentilhomme ordinaire de la chambre du roi par provisions datées du camp de Lazenay, du 26 août 1562. Nommé lieutenant de la compagnie des ordonnances du roi dont était capitaine le duc de Nemours, il en prit le commandement effectif. C'est en cette qualité qu'il accompagna le duc d'Anjou et prit une part importante à la bataille de Jarnac, où fut défait Coligny en 1569. Il fut même blessé pendant le combat et s'y rencontra avec Montbrun contre lequel il avait une inimitié personnelle. Ce chef huguenot, après avoir pris le commandement de ses coreligionnaires du Dauphiné abandonné par le baron des Adrets, avait ravagé dans cette province toutes les terres appartenant aux seigneurs restés fidèles à leur religion et à leur roi. La terre de Lens n'avait pas été épargnée; son château avait été pillé et son église détruite au mois de décembre 1567. Aussi, quand le roi Henri III envoya des troupes pour arrêter les succès des protestants du Dauphiné, Antoine de Murat demanda et obtint de les commander. Il rencontra son ennemi au pont de Blacons dans la Drôme et après un combat acharné, pendant lequel il fut blessé au bras, il s'empara de Montbrun qui s'était cassé une cuisse en franchissant un canal (1575). Le célèbre chef huguenot eut la tête tranchée quelques jours après.

Par lettres patentes du 7 février 1576, le roi Henri III fit au seigneur de Lestang une pension annuelle de 3,000 livres. « En considération des bons fidèles et agréables services rendus par lui à Sa Majesté et Etat et couronne de France depuis 35 ans sans avoir perdu une seule bonne occasion qui se soit présentée pour la personne de sadite Majesté ni épargné sa personne et ses biens (1). »

Quelques jours après le 15 avril le roi lui conféra le grade de maréchal de camp général. « Ne pouvant, disent les lettres patentes, faire un meilleur choix que de la personne dudit de Lestang qui avait donné de grandes et dignes preuves de valeur et d'expérience (1). » Le même jour, par de nouvelles lettres, il lui confiait le commandement en chef de l'armée qui se réunissait à Melun et où lui-même allait se rendre.

A la fin de cette année 1576, la noblesse du Dauphiné le députa aux États généraux de Blois. Comme si tous ces honneurs ne suffisaient pas à récompenser ses services par de nouvelles lettres datées de Paris, du 5 mars 1577, lui accordant un don de 40,000 livres, Henri III se plaît à reconnaître son désintéressement notamment lorsque, après la prise de Mâcon en 1560, il abandonna à l'armée du roi le butin pris sur l'ennemi auquel il avait droit et qu'il refusa

(1) Extrait auth. sur papier des archives du département de l'Isère.

la rançon de 10,000 écus que lui offrait Montbrun, fait prisonnier par lui en 1575 (1).

Antoine de Murat, nommé conseiller privé du roi et bientôt après son chambellan, devait être mêlé à tous les grands événements de son époque.

Le 3 juillet 1580, il reçut la commission de maréchal de camp général de l'armée du duc de Mayenne, alors en Dauphiné, mais avant de rejoindre son poste, il eut mission de conduire l'armée que le roi envoyait à son beau-frère, le duc de Joyeuse. Ce n'est qu'après la bataille de Coutras, où Joyeuse, battu par Henri de Navarre, fut tué, qu'il rejoignit l'armée du duc de Mayenne.

L'année suivante, en 1588, aux États généraux de Blois, Henri III, craignant la popularité des Guise les fit tuer. En apprenant la mort de ses frères, le duc de Mayenne quitta le service du roi pour se mettre à la tête de la Ligue et Antoine de Murat se trouvait seul à la tête de l'armée royale en Dauphiné, lorsque le roi lui écrivit, le 5 décembre 1588, pour lui annoncer les événements de Blois et lui faire savoir sa décision concernant le duc de Mayenne et son armée. La lettre était portée par d'Ornano, qui allait être nommé maréchal et gouverneur du Dauphiné.

A la mort de Henri III, Antoine de Murat reconnut immédiatement Henri IV pour son successeur et resta en Dauphiné, où, malgré son grand âge, il continua à s'occuper d'affaires militaires aidant le maréchal d'Ornano de ses conseils. Il mourut au mois de septembre 1595 à Lyon, où il avait rejoint le roi Henri IV, appelé auprès de lui par son service. Il avait testé devant La Faye, notaire, le 18 juin 1591.

---

(1) Extrait auth. sur papier des archives du département de l'Isère.

De son mariage avec Marguerite de Sainte-Colombe du
Piney, fille de George, seigneur de Sainte-Colombe et de
Marguerite de Reybe, qu'il avait épousée le 2 janvier
1569 (1), il laissa :

1° Jacques, qui suit ;

2° Jean, chef de la branche de Murat d'Amblerieu ;

3° Diane, mariée à Joachim de Chissé, seigneur de
La Marcousse ;

4₀ Antoine.

Xᵉ DEGRÉ

Jacques de Murat.
Sébastienne
de Grolée.

JACQUES DE MURAT DE LESTANG, seigneur de Lens, Moras
et Lentiol, fils de Antoine II de Murat et de Marguerite de
Sainte-Colombe du Piney.

Jacques fut nommé quelques jours après la mort de son
père, le 18 septembre 1595, gentilhomme ordinaire de la
chambre du roi et peu après trésorier de la cavalerie légère
de France, dont était receveur son frère Jean, seigneur
d'Amblerieu.

Par lettres patentes du mois de juin 1608, le roi lui donna
le droit de haute, moyenne et basse justice sur la terre de
Lens (1).

Il devint à la même époque seigneur de la terre de
Lentiol, au lieu et place de noble Amblard de Roquelaure,
de qui il l'acheta.

---

(1) Expéd. auth. de l'époque sur parchemin. Arch. du château de
Moidière.

Député par la noblesse des états du Dauphiné auprès du roi, le 23 mars 1619, il reçut, le 22 février 1621, une adresse de félicitations de ces états pour le soin avec lequel il s'était acquitté de sa mission (1).

Il avait épousé, le 15 février 1606, Sébastienne de Grolée, fille de Jacques de Grolée, comte de Viriville, conseiller du roi, et de Mancie d'Urre de Cornillon (1).

Par son testament du 10 janvier 1612, Jacques de Grolée veut que son gendre, messire de Lestang, soit tuteur de son fils Antoine et administrateur de ses biens (2).

Jacques de Murat testa à Lens le 30 mars 1628, faisant des legs à tous ses enfants alors vivants, et nomma son fils aîné, Antoine III son légataire universel.

Il faisait aussi une pension viagère de 1,000 livres à sa veuve, Sébastienne de Grolée, qui mourut à Lens-Lestang le 29 mars 1649, à l'âge de 67 ans (3).

De leur mariage sont nés 17 enfants, dont on a conservé tous les noms, grâce au soin qu'ils eurent d'enregistrer eux-mêmes la date de leur naissance et les noms de leurs parrains et marraines :

1° Marguerite, née le 28 janvier 1606. Parrain, messire Jacques de Grolée, comte de Viriville, son grand-père ; marraine, Marguerite de Sainte-Colombe, dame de Lestang, sa grand'mère.

Elle se fit religieuse à la Visitation de Lyon.

2° Hélène, née le 10 février 1607. Parrain, noble Jehan

---

(1) Extraits auth. sur papier des archives du département de l'Isère.

(2) Antoine de Grolée, seigneur de Montbreton, épousa, le 23 janvier 1626, Marguerite de Solages, baronne de Peyre en Gevaudan.

(3) Expéditions originales du temps, sur parchemin. Arch. du château de Moidière.

de Lestang, son oncle ; marraine, dame Hélène de Grolée de Viriville, abbesse de Saint-Paul, sa tante.

Elle mourut peu de temps après sa naissance.

3° Antoine, né le 9 février 1608. Parrain, noble Anthoine de Grolée, seigneur de Chapeaucornu ; marraine, dame Hélène de Grolée de Viriville, abbesse de Saint-Paul.

4° Louise, née en juin 1610, avant terme. Elle fut néanmoins baptisée et eut pour parrain son oncle, Louis de Lestang, seigneur de la Sône.

Elle mourut peu après sa naissance.

5° Diane, née le 6 juillet 1611. Parrain, le baron de Marcolin ; marraine, Diane de Lestang, dame de Chissé, sa tante.

Elle se fit religieuse à la Visitation de Lyon.

6° Magdeleine, née le 8 juillet 1612. Sa marraine a été Magdeleine de Claveyson, dame de Chaste.

7° Gabriel, né le 19 août 1613, parrain noble Gabriel de Chissé, seigneur de La Marcousse, son oncle ; marraine, H..... de Chevrières, dame d'Anjou.

8° Jean-Baptiste, né le 23 décembre 1614. Parrain, le colonel d'Ornano, marquis de Maubec ; marraine, dame du Passage.

9° Charles, né le 3 mai 1616. Parrain, noble Charles de Lestang, seigneur de la Sône ; marraine, Guicharde de Pinac dame de Lestang du Sablon.

Il entra dans les ordres et fit ses preuves pour entrer au chapitre noble de Saint-Pierre de Mâcon, le 7 février 1665. Il devint protonotaire du Saint-Siège et prieur de Bourdaux.

10° Jehanne, née le 14 janvier 1618. Parrain, Monseigneur l'Archevêque comte de Vienne ; marraine, la comtesse de Viriville.

Elle épousa le seigneur de Chaste ;

11° Jacques, né le 28 janvier 1619. Parrain, noble Antoine de Grolée, comte de Montbreton ; marraine, demoiselle Marguerite de Sainte-Colombe du Piney.

Il entra dans les ordres et fut chanoine du chapitre noble de Saint-Claude.

12° Claude, né le 6 juillet 1620. Parrain, noble Claude de Bocsozel, seigneur d'Eydoche et prieur de Vic ; marraine, Anne de Borel d'Hauterive, dame de Montgontier. Claude fut héritier de sa parente éloignée, Marguerite de Lestang, veuve et héritière du baron de Maleval et de Virieu. Marguerite de Lestang était la belle-sœur de Charles de Murat, seigneur de Sablon et de la Sône, qui, par un testament du 27 juin 1644, lui avait légué la terre du Sablon. Mais, par une codicille du 6 mars 1645, il révoqua ce legs pour léguer tous ses biens à son fils Etienne. Il paraît vraisemblable que Marguerite de Lestang, blessée de ce changement, choisit alors pour son héritier son parent éloigné, Claude de Murat, au lieu et place de son propre neveu, Etienne de Murat de La Sône.

13° Jehan-Jacques, né le 16 décembre 1621. Parrain, noble Jehan du Cros, seigneur de Mantaille et de Coussieux ; marraine, demoiselle Anthoinette de Murat du Sablon.

Il fit ses preuves pour entrer dans l'ordre de Malte, le 26 octobre 1629 et fut reçu au nombre des pages du grand-maître (1).

14° Aimar, né le 1er juin 1623. Parrain, noble Aimar de Grolée, seigneur de Viriville ; marraine, demoiselle Marguerite de Murat-d'Amblérieu.

---

(1) Expéd. authentiques de l'époque sur parchemin. Arch. du château de Moidière.

Il fut reçu chevalier de Malte par brevet de 1631 (1).

15° Françoise, née le 3 novembre 1624. Parrain, noble Charles de Borel, seigneur d'Hauterive ; marraine, Françoise de Murat, dame de Vinay et Montagny ;

16° X....., un fils, né le 23 janvier 1667. Il n'a pas vécu.

Dans le testament de Jacques de Murat, du 30 mars 1628, ne figurent plus que dix enfants : Marguerite, Antoine, Diane, Charles Jehanne, Jacques, Claude, Jean, Aimar et Françoise.

XIᵉ DEGRÉ

Antoine III
de Murat.
Marguerite
de Montagny.

ANTOINE DE MURAT, IIᵉ du nom, marquis de Lens-Lestang, seigneur de Montagny, Vinay, Marcolin, Lens et Lentiol, premier baron du Lyonnais, maréchal des camps et armées du roi, son conseiller en tous ses conseils, fils de Jacques de Murat et de Sébastienne de Grolée-Viriville.

Antoine III de Murat suivit la carrière des armes. Capitaine de cent hommes d'armes depuis 1631, il reçut, le 29 mai 1635, commission du roi à l'effet de lever une compagnie de chevau-légers, et bientôt après, le 16 octobre de la même année, de nouvelles lettres l'autorisèrent à en lever une seconde avant de rejoindre l'armée d'Italie. Il se distingua bientôt par sa bravoure, notamment à la bataille de Novare, où à la tête de ses deux compagnies, il mit une

(3) Extraits authentiques sur papier des arch. du Chapitre de la vénérable langue d'Auvergne et du château de Moidière.

partie des troupes espagnoles en déroute, et les força à se réfugier dans la place de Valence.

Quoiqu'il eût été blessé dans cette rencontre, il prit part au combat du Tessin, où n'ayant avec lui que 25 chevau-légers, il chassa des retranchements français dont ils s'étaient emparés, 500 ennemis soutenus par 1,500 autres. Il blessa et fit prisonnier dom Antoine de Cordoue, qui commandait l'armée espagnole avec le marquis de Leganez. Par ce fait d'armes, il rétablit les communications entre l'armée française et celle du duc de Savoie.

Au siège de Turin, il commanda la noblesse du Dauphiné.

Pour récompenser ses services personnels et ceux de ses ancêtres, le roi Louis XIV, par lettres patentes du mois de juillet 1643, où il les énumère, érigea en sa faveur les terres de Lens, Lentiol, Vinay et Marcolin en marquisat, sous le nom de Lens-Lestang (1).

A la suite de nouveaux services, le roi l'éleva à de nouveaux honneurs.

Le 20 janvier 1653, il le nomma maréchal de ses camps et armées. Il lui fit trois jours après une pension annuelle de 3,000 livres et lui donna le 4 février (1), 1653, le titre de conseiller en tous ses conseils.

Antoine III de Murat mourut en 1657.

Il avait épousé, le 9 avril 1631 sa cousine Marguerite de Montagny, fille de Gaspard, baron de Montagny et de Vinay et de Françoise de Lestang. Elle était petite-fille de Louis de Murat de Lestang, seigneur de Sablon, et de Hélène

---

(1) Expéditions authentiques sur parchemins. Arch. du château de Moidière.

d'Arces. Etant fille unique, les biens considérables de la famille de son père passèrent dans celle de son mari.

C'est sur leurs terres qu'eut lieu, le 25 mars 1641, le célèbre miracle de l'Ozier miraculeux, et plus tard, en 1656. les apparitions de la sainte Vierge. C'est alors que prit naissance le célèbre pèlerinage de Notre-Dame de l'Ozier. En 1656, Antoine de Murat fit élever un oratoire au lieu du miracle, mais dès l'année suivante, en présence de la grande quantité de pèlerins, Marguerite de Montagny, sa veuve, fit ériger un sanctuaire plus vaste, qui a subsisté jusqu'à nos jours (1).

Du mariage d'Antoine de Murat et de Marguerite de Montagny sont nés :

1° François de Murat, marquis de Lestang, capitaine de chevau-légers au régiment de la reine, seigneur de Montagny, Millery, etc.

Il ne se maria point et mourut le 10 juin 1690 (2), laissant une partie de ses biens à son oncle Claude, baron de Maleval.

2° Pierre de Murat, comte, puis marquis de Lestang, à la mort de son frère aîné. Il épousa, le 12 juin 1673, demoiselle Anne de Messey et mourut sans enfant, le 3 février 1698, léguant tous ses biens à son oncle Claude, baron de Maleval, par testament du 10 septembre 1693. Mais par un codicille du 25 janvier 1698, il substitua à ce

---

(1) L'ancienne chapelle élevée par la marquise de Murat, en 1657, a été démolie en 1868 pour être remplacée par un nouveau sanctuaire. Les vitraux de la nouvelle chapelle de l'Ozier miraculeux ont été donnés par un descendant de la famille de Lestang, le comte Henri de Murat de Lestang.

(2) Expédit. authentique sur papier. Arch. du château de Moidière.

dernier son cousin Joseph-François de Grolée, comte de Viriville, et laissait la jouissance de ses biens à son frère Claude, commandeur de l'ordre de Malte.

3° Claude de Murat, baron de Lestang. Il fut reçu chevalier de l'ordre de Malte, le 23 septembre 1657, et devint commandeur de Bellecombe et Lachal, puis de Montchamp, en Auvergne. Il fut le dernier de la branche aînée de la famille de Lestang établie en Dauphiné et désigna pour son héritier Antoine de Murat de Lestang, chef de la branche cadette qui traita avec l'ordre de Malte au sujet de sa succession, le 3 avril 1721 (1).

4° Charles de Murat de Lestang, seigneur de Montjoly et Joyeuse. Il testa à Paris, en 1664, en faveur de ses frères et mourut en 1667.

5° Marguerite de Murat, qui épousa Louis de Gruel seigneur de Fontagier.

SEIGNEUR D'AMBLÉRIEU

Xᵉ DEGRÉ

Jean de Murat.
Jacqueline
d'Amblérieu.

JEAN DE MURAT DE LESTANG, seigneur d'Amblérieu, deuxième fils d'Antoine de Murat et de Marguerite de Sainte-Colombe. D'abord conseiller du roi et ensuite receveur général de l'extraordinaire des guerres et de la cavalerie légère de France, il fut nommé président de la Cour des comptes du Dauphiné, par lettres patentes du 15 mai 1609 et fut reçu, le 24 novembre 1612.

Il eut avec le sieur de Choisy un procès célèbre qui dura 25 ans. Le connétable de Lesdiguières écrivit plusieurs lettres au duc de Savoie pour obtenir que le Sénat du duché rende un jugement au procès qui intéressait son ami le président de Murat.

Jean de Murat épousa en premières noces Jacqueline de Putrain, fille unique de Louis, seigneur d'Amblérieu, et de Claudine de Dizimieu. Jacqueline était veuve de Claude de Virieu, seigneur de Pupetières.

De ce mariage naquirent deux enfants :

1° Joachim, mort en bas âge ;

2° Marguerite, héritière, par la mort de son frère, de la terre d'Amblérieu, elle épousa François de Portes.

D'une seconde alliance, Jean de Murat eut deux fils :

1° Prosper ;

2° François ; qui moururent en bas âge.

N'ayant pas d'héritier mâle, il résigna sa charge de président de la Cour des comptes du Dauphiné, en faveur de son gendre, messire François de Portes.

BRANCHE DU SABLON

VIIIᵉ DEGRÉ

Aynard I de Murat.
Marguerite
de Roussillon.

AYNARD DE MURAT DE LESTANG Iᵉʳ du nom, seigneur de La Sône, deuxième fils de Bertrand de Murat et d'Antoinette de Quincieu. Aynard fut avec son frère aîné Antoine, cohéritier de son aïeul maternel, Aynard de Quincieu, par le testament qu'il avait fait le 20 février 1485 (1), en présence de Jean de Beaumont, prieur de l'abbaye de Mantol, de Pierre de Voct, sacristain de la même abbaye, d'André de Selve et de Claude de Chattelard. Ce testament lui donnait les biens de Chavanay, de Bellegarde, de Châteauneuf de Galaure, d'Hauterive et de La Motte de Galaure ; mais pour éviter les difficultés d'un partage, il fit avec son frère aîné, le 11 décembre 1495, un contrat de Société par lequel ils s'engageaient à posséder et à administrer conjointement tous leurs biens à charge réciproque de contribuer à l'établissement de leurs filles s'ils n'avaient pas d'héritiers mâles (1).

Aynard de Murat épousa, le 26 décembre 1512, Mar-

---

(1) Expédition auth. sur parchemin. Archives du château de Moidière.

guerite de Roussillon, fille de noble, généreux et puissant homme, Aynard de Roussillon, seigneur du Sablon (1). Au contrat furent présents Gontran de Montchenu, Jean de Murat de Lestang, Gabriel de Taru. C'est par ce mariage que la terre du Sablon passa dans la famille de Murat, car par son testament du 8 octobre 1527, Marguerite de Roussillon, héritière de cette terre, donna tous ses biens à son mari Aynard de Murat (1). Aynard testa lui-même le 3 juin 1532 (1).

De son mariage avec Marguerite de Roussillon il laissa :

1° Lucrèce, mariée à Aynard de Montchenu, seigneur de Thodure ;

2° Louise, religieuse ;

3° Françoise, {religieuse au monastère de Saint-Just, à Romans ;

4° Aynard IIe, qui fut l'auteur de la branche de Murat du Sablon ;

5° Louis Ier, qui fut l'auteur de la branche de Murat de La Sône.

Il eut de Benoîte Moline un fils naturel, Claude bâtard de Murat. Il fut élevé dans la maison de son père qui lui légua tous les cens et revenus qu'il avait au mandement de Beaurepaire, à la condition de prendre le nom de Murat de Lestang. Claude appelé seigneur de la maison forte de La Pérouze, ne se maria point. Il fit deux testaments : le premier, du 18 avril 1553, le second du 20 avril 1564 (1). Par ce dernier il institua pour ses héritiers, Louis de Murat de Lestang, seigneur de la Sône et le neveu de celui-ci, Louis de Murat, seigneur de Sablon.

---

(1) Expédit. authent. de l'époque, sur parchemin. Arch. du château de Moidière.

IXe DEGRÉ

AYNARD DE MURAT DE LESTANG IIe du nom, seigneur du Sablon, fils aîné d'Aynard Ier et de Marguerite de Roussillon.

Aynard fut avec son frère Louis, coseigneur du Sablon et c'est conjointement qu'ils prêtèrent hommage au roi François Ier, le 9 septembre 1541 (1)

Il fit son testament le 2 février 1551 et mourut peu de temps après.

De son mariage avec Catherine de Montchenu, fille du baron de Thodure, il laissa cinq enfants :

1° Louis, qui suit ;

2° Gabrielle, religieuse au monastère de Saint-Just-en-Royans ;

3° Claude, religieuse au monastère de Vernaison, en Valentinois ;

4° Françoise, mariée en premières noces à noble Imbert Bertrand, seigneur de Vattilieu, dont elle eut deux filles, Magdeleine et Françoise.

Elle épousa en secondes noces messire Claude Baronat, seigneur de Poleymieu et de Poliénas, chevalier de l'ordre du roi dont elle n'eut qu'une fille, Diane, qui fut son héritière par testament du 22 juin 1573 (2).

5° Aymare, mariée à noble René de Marron, en Languedoc.

---

(1) Expéditions originales du temps, sur parchemin. Arch. du château de Moidière.

(2) Extraits sur papier des archives de la Drôme.

Xᵉ DEGRÉ

Louis de Murat de Lestang Iᵉʳ du nom, écuyer, seigneur de Sablon et de La Pérouse, gentilhomme ordinaire
de la chambre du roi, fils de Aynard II de Murat et de
Catherine de Montchenu.

Il fut avec son oncle Louis de Murat, seigneur de La
Sône, cohéritier de la seigneurie du Sablon. Son oncle,
Claude bâtard de Lestang, le fit héritier de la terre de
La Pérouse. Le roi Henri IV le nomma gentilhomme
ordinaire de sa chambre, par brevet du 16 avril 1582.

Il épousa, au mois d'octobre 1584, Guicharde de Pinac,
fille de messire Jean de Pinac, seigneur de Perrigny et
Domoy, en Bourgogne, chevalier de l'ordre du roi, et de
Magdeleine de Chambellan.

Il fit valoir les droits que sa belle-mère avait à la succession de la marquise de Roubaix et c'est à la suite de ce
procès que Guicharde de Pinac, sa femme fut mise en
possession de la seigneurie d'Ortez, en Hainaut. Il testèrent
l'un et l'autre le 18 juin 1605.

De leur mariage ils eurent :

1º Antoine de Murat, qui suit;

2º Antoinette mariée à Charles de Murat, seigneur de
La Sône, chevalier de l'ordre du roi, son cousin issu de
germains;

3º Marguerite, qui épousa par contrat du 8 août 1631,
Gabriel de Fay, seigneur et baron de Virieu, Maleval et
Chavaney. Elle mourut sans enfant laissant tous les biens
dont elle avait hérité de son mari à Claude de Murat de la
branche aînée de la famille;

4° Catherine, religieuse à l'abbaye de Saint-Pierre de Lyon.

XIᵉ DEGRÉ

Antoine de Murat.
Ursule de Mentois

Antoine de Murat de Lestang, seigneur de Sablon et de La Pérouse, en Dauphiné, et d'Ortez, en Hainaut. Il épousa Ursule de Mentois, dont il n'eut qu'un fils unique, mort en bas âge :

1° Philippe.

A la mort d'Antoine de Murat, arrivée avant l'année 1631, tous ses biens passaient par subsitution à son cousin issu de germain, Charles de Murat, seigneur de La Sône, qui avait épousé sa sœur, Antoinette de Murat, le 28 septembre 1624.

BRANCHE DE LA SONE

IXe DEGRÉ

LOUIS DE MURAT DE LESTANG, Ier du nom, seigneur de La Sône, fils d'Aynard I de Murat et de Marguerite de Roussillon. Louis Ier fut, avec son frère Aynard II, cohéritier d'Aynard I leur père, par testament du 9 avril 1532 (1). Les deux frères ne firent point de partage, et c'est conjointement qu'ils prêtèrent hommage, le 9 septembre 1541, au roi François Ier, pour la seigneurie du Sablon et les autres biens leur appartenant au mandement de Moras (1). Après la mort de son frère aîné, Aynard II, il prit le nom de seigneur de La Sône, tout en continuant à être coseigneur indivis de la terre du Sablon, avec son neveu Louis, qui prit alors le titre de seigneur du Sablon.

Par son testament du 20 avril 1564, son oncle, Claude Bâtard de l'Estang, seigneur de La Pérouse, lui légua les biens qu'il possédait à Montaney (1). Louis I de la Sône épousa, le 15 novembre 1564, Hélène d'Arces, fille de Raymond d'Arces (1).

Louis I de Murat. Hélène d'Arces.

---

(1) Expédit. auth. de l'époque, sur parchemin. Arch. du château de Moidière.

Il testa, le 19 septembre 1599, en faveur de Louis II, son fils aîné lui substituant, en cas de décès sans enfant, son second fils, Charles (1).

Hélène d'Arces, son épouse, testa à son tour, le 3 mars 1616 (1).

Ils eurent de leur union :

1° Louis de Murat de l'Estang, II° du nom.

Louis II embrassa le parti des armes et fut nommé chevalier de l'ordre de Saint-Michel, par brevet du 3 mars 1607 (1). Il prêta hommage au mois de juillet 1612 (1), pour la terre de la Sône et ce qu'il possédait à Beaurepaire, Bellegarde et au mandement d'Albon. Il fit son testament le 12 mai 1635 et nomma héritière sa femme, dame Antoinette d'Ogerolles de Saint-Polgues et voulut qu'après elle son frère Charles, seigneur du Sablon et de La Pérouse, recueille tous ses biens. Il mourut au mois de juin de la même année 1635 (1).

Il avait épousé demoiselle Antoinette d'Ogerolles de Saint-Polgues, dont il n'eut qu'une fille unique :

1° Jacqueline, née le 2 novembre 1597. Elle épousa messire Arnoul Boucher, seigneur de Piscop, chevalier, conseiller et maître d'hôtel ordinaire de la reine, et mourut à l'âge de 29 ans, le 24 avril 1626 (1), sans héritier.

Antoinette d'Ogerolles, veuve de messire Louis de l'Estang de La Sône, fit cession de tous les biens provenant de la succession de son mari à son beau-frère Charles de de l'Estang, seigneur du Sablon et de La Pérouse, par contrat du mois de juillet 1635 (1).

---

(1) Expédit. auth. de l'époque, sur parchemin. Arch. du château de Moidière.

Elle avait fondé, le 10 octobre 1633, une chapelle au château de La Sône, sous l'invocation de Saint-Michel (1).

2° Charles, qui continue la branche de Sablon et de La Sône ;

3° Françoise, mariée le 15 janvier 1597 à Gaspard de Montagny, baron de Montagny et de Vinay.

Elle eut une fille unique, Marguerite, qui épousa, le 9 avril 1631, Antoine III de Murat, son cousin, auquel elle apporta la terre de Vinay.

Xe DEGRÉ

CHARLES DE MURAT DE L'ESTANG, seigneur de La Sône, du Sablon, de La Pérouse, de Moras et d'Ortez en Hainaut, chevalier de l'ordre du roi, fils de Louis Ier de La Sône et de Hélène d'Arces.

Charles de Murat.
1° Renée de Castellane.
2° Antoinette de Murat.
3° Magdeleine de Fay.

Charles fut d'abord légataire de son père par testament du 19 septembre 1599 (1), et de sa mère par testament du 3 mars 1616 (1), et succéda à tous leurs biens après la mort de son frère Louis II, par contrat de cession d'hérédité de juillet 1635 (2).

Il contracta trois alliances :

La première avec Renée de Castellane, le 20 juillet 1600. Il en eut un fils unique, Etienne, qui lui succéda.

Le 28 septembre 1624 il épousa Antoinette de Murat, fille de son cousin germain Louis I de Murat du Sablon et

---

(1) Expédit. auth. Arch. du château de Moidière.
(2) Extraits des arch. du département de la Drôme.

de Guicharde de Pinac. C'est par ce mariage que les terres de Sablon, La Pérouse et d'Ortez en Hainaut devinrent possessions de la branche de la Sône. Antoinette de Murat eut un frère, Antoine, dont le fils unique, Philippe, mourut en bas âge, et trois sœurs, dont deux, Françoise et Catherine se firent religieuses.

La troisième, Marguerite, épousa messire Gabriel de Fay, baron de Virieu, Maleval et Chavaney, mais par son contrat de mariage du 8 août 1631, elle renonça à tous les droits qu'elle pouvait avoir sur les successions de son père et de sa mère en faveur d'Antoinette de Murat, sa sœur, moyennant la constitution d'une dot de 30,000 livres et d'une rente annuelle de 1,000 livres. Antoinette de Murat mourut le 12 février 1634, laissant tous ses biens à son époux.

Charles de Murat, veuf pour la seconde fois, épousa en troisièmes noces Magdeleine de Fay, sœur de messire Gabriel de Fay, seigneur et baron de Virieu et Maleval, son beau-frère.

Il acquit, par acte du 9 octobre 1638, (1) la terre, seigneurie et mandement de Moras, dépendant du domaine royal comme subrogé aux droits de messire Melchior de Chevrières, marquis de Saint-Chaumont, qui venait de l'acquérir aux commissaires royaux chargés de la vente. Le contrat de subrogation fut reconnu et enregistré par la Chambre des comptes du Dauphiné, le 8 février 1639. Depuis cette époque, la terre de Moras resta presque sans interruption dans sa famille jusqu'à la Révolution.

Par son testament du 27 juin 1644 (1), tout en nommant son fils unique Etienne son héritier universel ; il laissait à sa belle-sœur et à son beau-frère de Fay le droit de dis-

---

(1) Expédit. auth. Arch. du château de Moidière.

poser de la terre et seigneurie de Sablon en faveur de qui
bon leur semblerait de ceux ou celles portant le nom de
Murat, qu'il leur avait désignés verbalement (il s'agissait
vraisemblablement des enfants de Jacques de Murat, chef de
la branche aînée).

Mais, par un codicille en date du 6 mars 1645, il révo-
quait cette faculté et léguait tous ses biens, sans exception,
à son fils (1) Etienne.

Il mourut d'une pleurésie, le 10 mars 1645 (1), ne
laissant qu'un fils unique né de sa première femme, Renée
de Castellane.

1º Etienne, qui suit :

XIᵉ DEGRÉ

ETIENNE DE MURAT DE LESTANG, seigneur de La Sône, Etienne de Murat.
Sablon, La Pérouse et Moras, fils de Charles de Murat et Françoise Barbier.
de Renée de Castellane.

Il embrassa de bonne heure le parti des armes et servit
en Italie sous les ordres de ses parents, Antoine, marquis
de Murat et Christophe, baron de Montchenu, comme le
prouvent de nombreux certificats délivrés par le maréchal
de Créquy, le prince d'Harcourt et le duc de Lesdiguières.

Assigné par l'intendant du Dauphiné Dugué, à produire
ses titres de noblesse en conformité à la mesure de revi-
sion générale ordonnée par arrêt du conseil royal de 1667,
il fut confirmé dans les privilèges attachés à son rang par

---

(1) Expédit. auth. Arch. du château de Moidière.

certificat du 28 octobre 1667 (1). Il prêta hommage le 10 juillet 1652 (1). Etienne de Murat avait épousé, le 10 mars 1633, demoiselle Françoise Barbier, fille de noble Jacques Barbier et de demoiselle Suzanne Berenjon (1). Au contrat furent présents Gabriel de Fay, baron de Virieu, Jean-Baptiste de Montchenu, Antoine de Lestang, baron de Lentiol, Charles de Gruel, seigneur de Fontagier, Jean de Vitroles, seigneur de Chabestan, François de Beaumont, seigneur d'Autichamp (1).

Ils firent l'un et l'autre, le 15 décembre 1659, un testament mutuel, par lesquels ils faisaient des legs à tous leurs enfants nommés et innommés (plusieurs, en effet, ne furent baptisés que plusieurs années après) et instituaient Louis, leur fils aîné, légataire universel (1).

Etienne de Murat fit un nouveau testament le 25 octobre 1667, renouvelant divers legs et nommant son second fils Pierre, capitaine de chevau-légers, son héritier. (Il avait abandonné presque tous ses biens à son fils aîné, Louis, par le contrat de mariage de ce dernier, du 23 décembre 1663). Il mourut le 10 mars de l'année 1669, à l'âge de 70 ans. Son corps fut inhumé dans l'église de Saint-Sorlin, et son cœur fut transporté dans la chapelle de Saint-Georges, à Lens (1).

Dame Françoise Barbier refit aussi son testament le 24 décembre 1675, confirmant les legs faits antérieurement et nommant héritier universel son troisième fils, Charles, seigneur de la Méhéric, capitaine au régiment de Quercy. Son second fils, Pierre, était mort dans le courant de cette année, pendant la campagne d'Aisace.

---

(1) Expédit. auth. sur parchemin. Arch. du château de Moidière.

Elle mourut en 1676 à l'âge de 60 ans, et fut enterrée en l'église de Saint-Sorlin (1).

Ils avaient eu de leur union quatorze enfants :

1° Un enfant mort à sa naissance ;

2° Louis, qui a continué ;

3° Pierre, seigneur de La Pérouse, d'abord cornette du régiment de Foucault-cavalerie, il fut nommé lieutenant au même régiment le 6 juin 1668.

Il reçut bientôt après une commission du vicomte de Turenne, l'autorisant à lever une compagnie de chevau-légers avec laquelle il servit dans le régiment de Bertillac et ensuite dans celui de Vivans. Il fut tué dans le courant de l'année 1675, pendant la célèbre campagne d'Alsace. Son père l'avait nommé son héritier universel par son second testament du 25 décembre 1667 ;

4° Charles, seigneur de La Méhéric, suivit comme son frère la carrière des armes. Il reçut du roi, le 15 janvier 1673, une commission fort élogieuse rappelant tous les services qu'il avait déjà rendus et le nommant au commandement d'une compagnie au régiment de marine de Quercy ; il fut nommé major au même régiment le 1er octobre 1684.

Charles de La Méhéric fut héritier universel de sa mère, Françoise Barbier, par testament du 24 décembre 1675. Il abandonna avec ses frères, Antoine et Gabriel, la nue propriété de tous ses biens immeubles lors du mariage de son frère aîné, Louis, avec Antoinette de Berardier, le 2 avril 1694. Il mourut en 1719 (2).

---

(1) Expédit. auth. sur parchemin. Arch. du château de Moidière.

(2) Extraits des archives de la commune de Moras.

5° Charlotte, filleule de Charles de Lestang, seigneur de Montjoyeux et de Charlotte d'Aiguebelle. Elle mourut en bas âge ;

6° Anne-Humberte, filleule de messire Antoine de Chabous et de demoiselle Anne d'Orcinas. Elle fut religieuse à l'abbaye de Sainte-Claire, à Annonay ;

7° Joseph, filleul de Charles de Murat et de Anne de Lestang. Il mourut le 20 septembre 1647 ;

8° Jean-Antoine, mort le 1er décembre 1647 ;

9° Antoinette, filleule de noble Guichard de La Martinière et de demoiselle Antoinette de Berardier. Elle fut religieuse professe au couvent de Saint-André-le-Haut, à Vienne. Son grand-père, Antoine de Berardier, lui légua 3,500 livres (1).

10° Gabrielle, filleule de son oncle, Gabriel de Murat et de dame Gabrielle de La Martinière. Elle épousa, le 6 juillet 1694, noble Jean de Brossier, seigneur de Chambonas, fils de noble Jacques de Brossier et de Magdeleine de Robert ;

11° Gabriel, seigneur de Vauceraine. Comme ses frères il prit du service dans l'armée et fut nommé, le 26 juillet 1677 au commandement d'une compagnie de chevau-légers au régiment de Vivans, où avait été capitaine son frère aîné, Pierre de La Pérouse, et où venait d'être nommé son frère cadet, Antoine. Il passa avec le même grade au régiment de Quinson, le 6 juin 1678. Il reçut, le 7 mai 1682, commission du roi l'autorisant à lever une compagnie de chevau-légers avec laquelle il servit successivement dans les régiments de Varenne, de Roussillon et de Lambesc. Il mourut vers 1720 (1).

---

(1) Expédit. auth. Arch. du château de Moidière.

12° Antoine, seigneur de Châteaufeuillet, puis de La Pérouse. Il fut nommé, le 15 octobre 1675, au commandement de la compagnie des chevau-légers du régiment de Vivans laissée vacante par la mort de son frère aîné, Pierre de La Pérouse, dont il prit le nom. Il rejoignit sa compagnie au camp de Keslenhol en Alsace, où les troupes françaises s'étaient retirées après la mort de Turenne. Antoine fut nommé major du régiment de cavalerie de Forsac, le 12 mars 1691 et lieutenant-colonel du même régiment, le 15 mai 1696 (1) ;

13° Alexandre, filleul de Charles de Murat et d'Antoinette de Lestang. Il était chanoine de Saint-Ruf en 1675 ;

14° Etienne, seigneur de La Craponnière, filleul de Antoine et de Gabrielle de Murat.

XIIᵉ DEGRÉ

Louis Murat de Lestang, seigneur de La Sône, Moras, La Pérouse, Sablon, etc., fils d'Etienne de Murat et de Françoise Barbier.

Louis de Murat.
Antoinette de Be-
rardier.

Il suivit la carrière des armes et servit avec distinction en Italie comme lieutenant de chevau-légers dans le régiment de son parent, messire Joachim de Chissé de La Marcousse. Il prit part à quatre campagnes et aux sièges de Pavie, Valence, Mortara et Alexandrie, comme le prouve un certificat du 24 décembre 1661. Il quitta vraisemblablement le service quelque temps après, en 1663, au moment de son mariage.

---

(1) Lettres privées et livres de raison de Charles, Gabriel et Antoine de Murat.

Louis de Murat épousa, à Saint-Etienne en Forez, le 23 octobre 1663, Antoinette de Berardier, fille de noble Antoine de Berardier, écuyer, conseiller du roi, et de Marguerite de Soleysol. Antoine de Berardier donnait 30,000 livres en dot à sa fille. Etienne de Murat abandonnait à son fils tous ses biens, ne se réservant qu'une somme de 15,000 livres.

Au contrat furent présents Charles de Lattier, seigneur de Burlet, Benoît de Chabot, seigneur de Roche, Charles de Lestang, seigneur de la Méhéric. Denis de Beauvoir, Jean de Piroz et Pierre de Chazallier, conseillers du roi, Antoine de Berardier, seigneur de Poix, Jean-Baptiste de Berardier, seigneur de Montsalson (1).

Louis séjourna longtemps à Saint-Etienne, car plusieurs actes sont datés de cette ville, entre autres un testament qu'il fit le 30 août 1674, à la veille d'entreprendre un long voyage. Ce n'est que par procuration qu'il prêta hommage au roi, le 27 mai 1678 pour ses biens du Dauphiné (1). Il ne revint s'établir en cette province qu'après la mort de son beau-père, arrivée en 1688. Il acheta, le 15 décembre 1689 (1), la charge de conseiller au Parlement du Dauphiné, au nom de son fils, Antoine, et se porta plus tard garant du paiement du prix de la charge de premier président audit Parlement, que ce dernier acquit en 1695.

Louis de Murat mourut en 1716, après avoir testé le 26 janvier de la même année (1). Il léguait tous ses biens à son fils aîné, Antoine, auquel il avait déjà donné la terre et seigneurie de Sablon, le 2 avril 1694, lors de son mariage avec demoiselle Virginie d'Avity et faisait des legs à ses

---

(1) Expédit. auth. Arch. du château de Moidière.

deux filles, dame Marie de Fay, marquise de Gerlande et demoiselle Emerentianne de Murat (1).

De son mariage avec Antoinette de Berardier, décédée avant 1694, il avait eu :

1° Antoine, qui suit ;

2° Catherine, légataire de son grand-père, en 1688 ;

3° Marie, mariée à messire Just-François de Fay, marquis de Gerlande. Elle était veuve en 1742, et continua à résider en son château de La Motte de Galaure, en qualité de dame dudit lieu. Elle eut, en 1749, un procès avec son parent, Hugues-Joseph de Valernod, seigneur de Fay, beau-père de son petit-neveu Victor de Murat. Elle fut légataire de son frère, Antoine, d'une somme de trois mille livres.

La marquise de Gerlande mourut en 1759, laissant tous ses biens à son neveu, Claude de Murat, marquis de Lens-Lestang, par testament du 13 janvier 1759 (1) ;

4° Emerentianne. Elle ne se maria point et se retira dans la maison forte de La Tour, sise en la seigneurie de la Motte de Galaure, dont était dame sa sœur la marquise de Gerlande (1). Elle fut légataire de son frère Antoine, de 3,000 livres ;

5° César, mort au cours des études qu'il faisait à la Sorbonne.

XIIIe DEGRÉ

ANTOINE DE MURAT DE L'ESTANG, seigneur de Berardier, Moras, Sablon, La Pérouse, Mente, Rivoire, Epinouze,

Antoine de Murat.
Virginie d'Avity.

---

(1) Expédit. auth. de l'époque. Arch. du château de Moidière.

Montaney et Saint-Sorlin, marquis de Lens-Lestang, conseiller du roi en ses conseils, conseiller, puis président à mortier au Parlement du Dauphiné, fils de messire Louis de Murat et de dame Antoinette de Berardier.

Antoine de Murat naquit le 9 octobre 1664 et fut, dès son jeune âge, appelé seigneur de Berardier. Après avoir fait des études juridiques et avoir été reçu licencié ès lois, il voulut essayer du métier des armes et fut nommé, le 15 janvier 1689, cornette en la compagnie de chevau-légers de son oncle Antoine de la Pérouse. Ce ne fut qu'un essai de bien courte durée, puisque le 15 décembre de la même année son père Louis de Murat acquérait en son nom, moyennant 50,000 livres, de dame Marie de Cuchet, la charge de conseiller au parlement, laissée vacante par la mort de son mari, messire François des Alris, seigneur du Rosset et de La Beaume-Cornillane. Antoine de Murat quitta définitivement l'épée pour la robe, et fut reçu au parlement par arrêt du 16 mars 1690 (1).

Il épousa, le 3 avril 1694, demoiselle Virginie d'Avity, fille de messire Claude d'Avity, conseiller du roi, maître ordinaire de la Chambre des comptes de Grenoble, et de dame Marie de Murinais (2). Le contrat fut signé à Grenoble en l'hôtel de messire François de La Croix de Chevrières, marquis d'Ornacieux, président du parlement, en sa présence et celle de Claude d'Avity, Louis de Lestang, François de Barral, seigneur d'Allevard et des seigneurs de Murinais, Saint-Lattier, Saint-Vallier, La Pérouse et Bonrepos. Par le contrat de mariage, son père

---

(1) Expédit. auth. de l'époque. Arch. du château de Moidière.

(1) Extraits des archives des départements de la Drôme et de l'Isère.

donnait à Antoine la terre de Sablon, et ses oncles de La Méhéric, de La Pérouse et de Vauceraine, lui abandonnaient la nue propriété des immeubles qu'ils possédaient en Dauphiné. Ce même contrat le mettait aussi en possession des successions d'Antoine de Berardier, son aïeul maternel, et de dame Antoinette de Berardier, sa mère, qui l'avaient l'un et l'autre nommé leur héritier universel (1).

Demoiselle Virginie d'Avity se constituait personnellement une dot de 60,000 livres.

---

(1) Virginie d'Avity eut pour aïeul paternel Pierre d'Avity et Davity, seigneur de Montmartin, né en 1573, décédé à Paris le 2 mars 1635. C'est l'auteur des ouvrages suivants : « 1° *Origine de tous les ordres de chevalerie de la chrétienté ; 2° *Arrêt de mort exécuté en la personne de Jean Guillet, architecte ; 3° *État certain de ceux de la religion de France ; 4° Œuvres légères publiées sous le titre : *Les Travaux sans travail ; 5° États et empires du monde* », ce dernier ouvrage a été plusieurs fois réimprimé sous le titre : *Description de l'Univers.*

Pierre d'Avity épousa, le 18 septembre 1615, demoiselle Magdeleine de Fassion de Saint-Jay, fille de Gaspard de Fassion, seigneur de Saint-Jay et de Marguerite du Mottet, dont il eut un fils unique, Claude, en faveur duquel il testa, le 17 février 1635 (1). Pierre d'Avity séjourna presque continuellement à Paris, où il s'occupa beaucoup de la politique de l'époque, comme le prouvent les lettres fort intéressantes qu'il écrivait à sa sœur, retirée à Moras (1).

Claude d'Avity, conseiller du roi en la Chambre des comptes du Dauphiné, épousa, le 24 octobre 1644, Marie de Murinais, fille de Jean de Buffevent de Murinais et de Eléonore de Fernien. Il mourut à Grenoble au mois de décembre 1693, laissant deux filles :

1° *Virginie*, née en 1663, mariée à messire Antoine de Murat, marquis de Lens-Lestang. Elle fut héritière des biens considérables que sa famille possédait au mandement de Moras ;

2° *Marie-Anne*, mariée à messire François-Alexandre de Perissol, seigneur de Saint-Ange, président de cour au Parlement du Dauphiné.

(1) Collection de lettres autographes Arch. du château de Moidière.

Antoinette de Murat acquit, le 24 juillet 1696, moyennant la somme de 110,000 livres, la charge de président au Parlement du Dauphiné à dame Anne de la Croix de Chevrières, veuve de messire Gabriel de Prunier, baron de Saint-André et marquis de Virieu, en son vivant président au Parlement (1).

Il fut nommé à cette charge par lettre du 23 août 1696, avec dispenses d'âge et de services, et en remplit l'office pendant vingt-six ans, jusqu'au 3 juillet 1722, époque à laquelle il la résigna en faveur de son gendre, messire Alexandre de Bardonnenche, vicomte de Trièves.

Il prêta hommage le 14 août 1717.

Ce fut Antoine de Murat qui recueillit tous les biens de la branche aînée de la famille à l'extinction de cette dernière en 1720, par la mort de Claude de Murat, commandeur de l'ordre de Malte.

Antoine de Murat, Ier marquis de Lens-Lestang, chef de la branche aînée, était mort en 1660, laissant quatre fils : François, Pierre, Charles et Claude.

Charles, seigneur de Montjoly et Joyeux, était mort en 1668 environ, sans s'être marié. L'aîné, François, marquis de Lens-Lestang, était décédé sans enfant le 10 juin 1690, laissant tous ses biens à son frère Pierre de Murat, et après lui à son oncle Claude de Murat, baron de Maleval. Pierre, comte, puis marquis de Lens-Lestang, mourut sans enfant, le 3 février 1698, laissant, comme son frère, tous ses biens à son oncle, le baron de Maleval, par un testament du 3 septembre 1693, mais substituant à ce dernier son neveu du côté maternel, Joseph-François de Grolée, comte de Viriville, par un codicille audit testament du 25 janvier 1698.

---

(1) Extraits des archives de la commune de Moras.

Claude de Murat, baron de Maleval, devint ainsi possesseur de tous les biens de la branche aînée, mais il stipula un fidéicommis, par son testament en date du 28 septembre 1699, en vertu duquel, en cas de décès sans enfant mâle de messire Claude-François de Grolée, fils de Joseph-François, désigné au testament de Pierre de Murat, tous les biens de la branche aînée de la famille de Murat reviendraient à l'aîné de la branche cadette de cette famille. Il laissait la jouissance de tous ses biens à son neveu, Claude de Murat, commandeur dans l'ordre de Malte, frère de François, Pierre et Charles.

La condition de substitution prévue par le codicille de Claude de Maleval, se réalisa, dès 1714, à la mort sans enfant de Claude-François de Grolée. Par une transaction définitive en date du 9 avril 1719 avec dame Jeanne-Anne de Grolée de Viriville, épouse de messire Jean-François, comte de Senozan, et sœur de Claude de Grolée, messire Antoine de Murat, président au Parlement, fut mis en possession de la nue propriété des terres de Lens-Lestang et de Marcolin (1). Il en eut bientôt la jouissance, car après la mort du dernier représentant de la branche aînée, Claude de Murat, commandeur de Malte à Montchamp en Auvergne, arrivée en 1720, il transigea avec le commandeur de Thianges, receveur général de l'ordre en France, au sujet de la succession de son parent (1).

Le président de Murat abandonna une grande partie de ses biens à son fils Claude, au moment du mariage de ce dernier avec demoiselle Louise-Gabrielle de Falcoz de La Blache. Par un sous-seing privé du 3 décembre 1723, il donnait à son fils la pleine propriété des terres et sei-

---

(1) Expédit. auth. Arch. du château de Moidière.

gnéuries de Moras, Saint-Saturnin, Mautol et Epinouze, et la nue propriété du marquisat de Lens-Lestang et de la terre de La Sône. Il lui remettait aussi les biens considérables laissés par sa mère, Virginie d'Avity, au mandement de Moras (1).

La marquise de Murat était morte le 18 mai 1723, laissant tous ses biens à son fils aîné, Claude, par testament du 30 avril 1717. Elle voulut, par ce testament, que ses biens ne pussent dorénavant être séparés de ceux de la famille de Murat, et stipula des substitutions indéfinies en faveur de l'aîné des membres de cette famille (2).

Antoine de Murat fit son testament principal le premier août 1730. Par ce testament il faisait une foule de legs pieux disant « que les gens qui ont du bien ne peuvent racheter leurs péchés que par l'aumône. »

Il laissait 3,000 livres à ses deux sœurs dame de Murat de Fay-Gerlande et demoiselle Emerentianne de Murat du Sablon, 300 livres à sa fille, la vicomtesse de Bardonnenche, l'usufruit de la terre du Sablon ou 20,000 livres à leur choix à chacun de ses fils, Antoine, auquel il voulait acheter une compagnie, et François, chanoine à la cathédrale de Grenoble (3).

Il nommait son fils aîné, Claude, son héritier universel. Il expliquait aussi, par une déclaration ajoutée à son testament, la raison d'un legs de 15,000 livres qu'il faisait au comte de Falcoz de La Blache.

L'explication n'est point à l'honneur de la loyauté de

---

(1) Expédit. auth. sur parchemin. Arch. du château de Moidière.
(2) Expédit. auth. sur parchemin. Arch. du château de Moidière.
(3) Extraits des arch. du départ. de la Drôme. Arch. du château de Moidière.

Mᵐᵉ de La Blache, qui aurait exploité le désir que Claude de Murat avait d'épouser Mˡˡᵉ de La Blache, pour arracher à son père cette donation à la veille même du mariage qui, par suite, avait failli se rompre.

Un codicille du 1ᵉʳ septembre 1732 donnait une somme de 10,000 livres au petit-fils du testateur, Antoine de Murat, à l'effet de lui acheter un emploi.

Un dernier codicille du 10 juin 1736 modifiait plusieurs legs sans rien changer à l'esprit du testament.

De son mariage avec demoiselle Virginie d'Avity, Antoine de Murat avait eu :

1º Claude, qui suit ;

2º Marie, qui épousa, par contrat du 16 juin 1714, messire René-Alexandre de Bardonnenche, chevalier, seigneur de Torane, Trezane, Saint-Martin de Clelles, Roulx et Vasieu, vicomte de Trièves, conseiller au Parlement du Dauphiné, fils de messire Cézar de Bardonnenche, seigneur de Champiné, de Brion et de Lavars. Il devint président du Parlement en 1722, avec dispense d'âge, sur la résignation de son beau-père, le marquis de Murat. Marie de Murat reçut en dot de son père 60,000 livres et de son oncle Claude, commandeur de Saint-Jean, 3,000 livres. Elle était veuve en 1742, époque à laquelle elle demanda une réduction de charges. Elle payait en effet 610 livres de taxe au clergé et à la noblesse, pour un domaine de 1,350 livres ;

3º François, chanoine à la cathédrale de Grenoble. Il fut légataire de sa mère pour une somme de 3,000 livres et de son père pour une autre somme de 20,000 livres.

Il devint doyen de la cathédrale et mourut le 1ᵉʳ juin 1780 à l'âge de 81 ans. Il fut enterré au cimetière des Cloîtres.

Par son testament, en date du 15 septembre 1779, il léguait 15,000 livres à son neveu, Victor de Murat, 300 livres de pension à sa nièce, Françoise Sabine, religieuse à Tullins, et nommait sa nièce, dame Louise-Gabrielle-Scholastique de Murat, veuve du comte de Roulx de La Ric, son héritière universelle ;

4° Antoine, officier de cavalerie, mort encore jeune.

XIVe DEGRÉ

Claude de Murat.
Cabrielle de Falcoz
de La Blache.

CLAUDE DE MURAT DE LESTANG, MARQUIS DE LENS-LESTANG, seigneur de Chatenay, Montmartin, La Sône, Sablon, Moras, Marcolin, Mantol, La Méhéric, Saint-Sorlin, Epinouze, conseiller du roi en ses conseils, président à mortier au Parlement du Dauphiné, fils de Antoine de Murat, marquis de Lens-Lestang et de demoiselle Virginie d'Avity.

Glaude de Murat naquit le 30 mars 1698 et suivit comme son père la carrière de la magistrature. Il fut d'abord avocat au Parlement et fut nommé conseiller par lettres du 11 décembre 1722, avec dispenses d'âge et de parenté, sur la résignation du vicomte de Bardonnenche. Il n'avait, en effet, que 24 ans et était beau-frère du vicomte de Bardonnenche, qui avait été nommé président du Parlement sur la résignation de son beau-père, Antoine de Murat. Claude fut lui-même nommé président à Mortier du Parlement, le 23 juin 1734, en remplacement et sur la résignation de Jean-Dominique de La Croix de Sayve, et occupa cette charge jusqu'au 11 mai 1754, date à laquelle il la résigna en faveur de son fils Victor.

Claude Murat épousa, le 18 janvier 1724, en l'église de Saint-Sauveur-d'Anjou, demoiselle Gabrielle de Falcoz de La Blache, fille de messire Victor de Falcoz, comte d'Anjou, baron de Jarcieu, seigneur de La Blache, Nerpol et autres lieux, et de demoiselle Félise du Bosc de Solignac. Le mariage désiré par Mme de Murat et préparé par Mme de Murinais, faillit se rompre au dernier moment, en raison des exigences imprévues manifestées par Mme de La Blache. Le marquis de Murat s'explique tout au long à ce sujet dans un codicille à son testament, où il déclare qu'il ne les subit qu'en présence du désir que son fils avait de cette alliance, et pour éviter aux deux familles le ridicule de la rupture de ce mariage, alors qu'il avait été annoncé dans toute la province [1].

Claude de Murat prêta hommage au roi le 11 avril 1737 pour les terres de Lens-Lestang et de Marcolin, qu'il possédait en vertu de la substitution stipulée par son grand'-oncle Claude de Murat de Maleval, et pour celles de Moras et de Montmartin, qui lui avaient été léguées par sa mère. Il hérita successivement des biens [1] :

De son grand-oncle Gabriel de Murat, seigneur de Vauceraine ;

De dame Virginie d'Avity, sa mère, qui lui laissa, par son testament du 30 avril 1717, tous les biens que sa famille possèdait à Moras pour qu'ils fussent réunis d'une façon définitive au marquisat de Lens-Lestang [1] ;

De son père, dont il fut l'héritier universel, par son testament du 1er août 1730 [1] ;

---

[1] Extraits des arch. du départ. de la Drôme. Arch. du château de Moidière.

De sa tante, demoiselle Emerentianne de Murat du Sablon, par testament du 2 juin 1753;

De son autre tante dame Marie de Murat, marquise de Gerlande, par testament du 13 janvier 1759 (1);

Il eut à son sujet un procès célèbre avec le plus proche parent de sa tante, Claude Florimond de Fay, comte de Maubourg (1).

Claude de Murat fit lui-même son testament solennel le 2 janvier 1716 (1). Par ce testament il léguait :

A demoiselle Françoise-Sabine de Murat de Lestang, religieuse aux dames de Saint-Bernard de Tullins, une somme de 300 livres et une pension de même valeur ;

A demoiselle Marie-Thérèse-Laurence de Murat de Lestang, religieuse au monastère de Saint-Bernard à Beaurepaire, une même somme et pension annuelle de 300 livres;

A sa fille aînée, demoiselle Louise-Gabrielle-Scholastique de Murat de Lestang, épouse du seigneur comte de La Ric, sa dot et 600 livres ;

A sa fille cadette, Henriette-Dominique de Murat de Lestang, épouse du seigneur baron de Montchenu, sa dot et 300 livres;

A son second fils, Claude-Laurent de Murat de Lestang, major au régiment de Royal Dragons, 33,000 livres;

A son troisième fils, François de Paule de Murat de Lestang, prêtre, la même somme de 33,000 livres ;

Il nommait son fils aîné, Victor de Murat, marquis de Lens-Lestang, président au Parlement du Dauphiné, son héritier universel (1).

---

(1) Extrait sur papier des arch. de la Drôme. Arch. du château de Moidière.

Claude de Murat mourut à Grenoble, au mois de mai 1766.

De son mariage avec Louise-Gabrielle de Falcoz de La Blache, il avait eu :

1° Louise-Gabrielle-Scholastique, née le 2 décembre 1726, son parrain fut messire Antoine de Murat, son grand-père, sa marraine dame Félise du Bosc de Solignac. Elle épousa messire Jean-François de Roux de Gaubert, comte de La Ric, conseiller au Parlement, dont elle eut trois fils, dont l'un fut évêque de Saint-Flour ;

2° Victor, qui suit. Son parrain fut messire Victor de La Blache, comte d'Anjou, son grand-père ; sa marraine, dame Marie de Murat, marquise de Gerlande, sa grand'-tante ;

3° François-Antoine, né le 15 novembre 1728. Ses parrains furent messires François et Antoine de Murat, ses oncles ; sa marraine, dame Thérèse de Falcoz de La Blache, marquise d'Haraucourt, sa grand'tante.

Il mourut jeune encore, à Paris, alors qu'il suivait les cours de la Sorbonne ;

4° Claude-Laurent, né le 15 novembre 1729. Son parrain fut messire Laurent de Falcoz du Métral, brigadier des armées du roi, lieutenant du roi à Besançon, son cousin maternel ; sa marraine, dame Marie de Murat, vicomtesse de Bardonnenche. Il hérita de son parent, le comte du Puy de Murinais, à charge pour lui de joindre à son nom celui du donateur, et fut l'auteur de la branche de Murat-Murinais (1) ;

---

(1) Extraits sur papier des arch. du département de la Drôme. Arch. du château de Moidière.

5° Françoise-Sabine, née le 30 novembre 1730. Elle fut religieuse de l'ordre de Saint-Bernard à Tullins, et était en 1792, chanoinesse de l'ordre de Malte, à Saint-Antoine (1) ;

6° Marie-Laurence-Thérèse, née le 20 décembre 1731 ; son parrain fut messire Alexandre-François-Laurent de Falcoz, marquis de La Blache, son oncle maternel ; sa marraine, dame Marie-Thérèse d'Haraucourt, duchesse de Fallary, sa tante à la mode de Bretagne. Elle fut religieuse de Saint-Bernard, à Beaurepaire ;

7° Antoine-François de Paule, né le 26 février 1733. Son parrain fut messire Antoine de Murat, son oncle ; sa marraine, demoiselle Françoise de Simiane, dame de La Tour. Il entra dans les ordres, fut chanoine de Saint-André, à Grenoble, et vicaire général du diocèse ;

8° Henriette-Dominique, née le 26 mars 1735. Son parrain fut messire Gabriel-Joachim, comte de Murinais ; sa marraine, dame Henriette de Bocsozel, comtesse de Murinais (1).

Elle épousa, le 17 mai 1756, Joseph de Montchenu, baron de Thodure, maître de camp de dragons, fils de Montchenu et de Marie-Louise de Lemps (2).

Son fils Claude-Henri fut colonel de cavalerie. Sa fille, Marie-Joséphine, épousa, le 27 janvier 1783, messire Lazare de Sibeud, marquis de Beausemblant ; le mariage fut béni par François de Paule de Murat, alors vicaire général du diocèse, oncle de la mariée (2). Sa seconde fille épousa le comte de Maclas.

---

(1) Extraits sur papier des archives de la Drôme. Arch. du château de Moidière.

(2) Extraits sur pap. des archives de Lens-Lestang. Arch. du château de Moidière.

XVᵉ DEGRÉ

VICTOR DE MURAT, marquis de Lens-Lestang, seigneur de Moras, Lens-Lestang, Chatenay, Marcolin, Sablon, Epinouze, Montmartin, conseiller du roi en tous ses conseils, président à mortier au Parlement du Dauphiné, fils de Claude de Murat et de dame Louise-Gabrielle de Falcoz de La Blache.

Victor de Murat.
Marie de Valernod

Il naquit le 6 décembre 1727 (1). Reçu avocat au Parlement du Dauphiné, il devint conseiller le 29 mars 1748, en remplacement de Jacques Vincent de Vial-d'Alais, avec dispenses d'âge et de parenté ; il n'avait en effet que 20 ans, il était beau-frère d'un des conseillers Alexandre de Roux de Gaubert de La Ric et fils du président. Nommé six ans après président du Parlement sur la résignation de son père le marquis Claude de Murat, il dut obtenir de nouvelles dispenses d'âge, de parenté et de services.

Victor de Murat épousa, le 4 juillet 1759 (1), demoiselle Marie de Valernod, fille de haut et puissant seigneur messire Hugues-Joseph de Valernod, premier président et lieutenant-général en la sénéchaussée et siège présidial de Valence, seigneur de Fay et de la maison forte de Rioux en Dauphiné, de Chavanieu, Chavanes et La Bastie en Lyonnais, du Chatellard en Bresse, de Verneaux, du Château de Lagnieu, de Château-Gaillard, Corneaux, Torcieu, Montferrand et Martignac en Bugey, baron de La Bastie-sur-

(1) Extraits sur papier des archives de la Drôme. Arch. du château de Moidière.

Cerdon et de haute et puissante dame Louise de Montferrand.

Par le contrat de mariage, le marquis Claude de Murat
abandonnait à son fils la nue propriété de tous ses biens,
ne se réservant qu'une somme de 100,000 livres. Messire
Hugues de Valernod constituait à sa fille une dot de
150,000 livres (1).

Victor de Murat prêta hommage, le 10 mai 1775 pour le
mandement de Moras et les seigneuries de Montmartin,
Lens-Lestang, Sablon et Marcolin (1). Il fut successivement
légataire :

De sa grand'mère, dame Félise du Bosc de Solignac,
comtesse de La Blache, par testament du 19 avril 1775 ;

De son grand-père, le comte de La Blache, par testament
du 2 juillet 1765 ;

De son oncle, François de Murat, doyen de la cathédrale, d'une somme de 15,000 livres, par testament du
15 septembre 1779.

Son père l'avait nommé son héritier universel, par un
testament en date du 4 janvier 1776 (1).

Victor de Murat testa lui-même le 20 octobre 1769 (1),
faisant des legs à tous ses enfants et nommant héritière
universelle son épouse la marquise du Murat. Celle-ci fit
son testament le 5 septembre 1780. Elle léguait 60,000 livres
à chacun de ses enfants et nommait son mari le marquis
de Murat héritier universel, lui substituant, en cas de pré-
décès son fils aîné Casimir.

Le marquis Victor de Murat mourut à Lens-Lestang le
15 juin 1783 et fut inhumé à Grenoble (1). La marquise

---

(1) Expédit. auth. sur parchemin. Arch. du château de Moidière.

de Murat mourut peu de temps après, le 26 mars 1784 au château de La Sône, victime d'un empoisonnement accidentel auquel échappèrent à grand'peine deux de ses fils. De leur union sont nés :

1º Hugues-François-Casimir, qui suit ;

2º Victor-Henri de Murat, comte de Montferrand, né à Grenoble en 1764. Il prit, comme son frère aîné, le parti des armes et était officier au régiment de Chartres lorsque éclata la Révolution. Il émigra avec son frère cadet, Elzéar, et se retira à Londres. Il en partit en 1808 pour gagner l'Amérique dans l'intention de reconstituer la fortune que la Révolution avait enlevée à sa famille, mais il mourut en mer pendant la traversée ;

3º Marie-Elzéar, auteur de la branche établie en Orléanais, ci-après ;

4º Jean-Gabriel-Frédéric, né à Grenoble en 1766. Il entra dans la marine dès l'âge de 16 ans, avec son frère aîné, Elzéar et fut nommé garde de la marine, par certificat du 1er juin 1782. Il fut tué cinq mois après, le 20 octobre 1782 à bord du vaisseau *Le Suffisant*, lors de l'attaque de Gibraltar par les flottes alliées de la France et de l'Espagne (1).

XVIᵉ DEGRÉ

HUGUES-FRANÇOIS-CASIMIR DE MURAT, marquis de Lens-Lestang, comte de Montferrand, seigneur de Lens, Cazimir de Murat. Aglaé princesse de Broglie.

(1) Expédit. auth. et lettres. Arch. du château de Moidière.

Chatenay, Moras et autres lieux, colonel du régiment d'infanterie du roi, chevalier de Saint-Louis, fils de Victor de Murat, marquis de Lestang, conseiller du roi en tous ses conseils, président à mortier au Parlement du Dauphiné, et de dame Marie de Valernod, dame de Fay, de Montferrand et de Rioux.

Casimir de Murat naquit à Grenoble, le 11 décembre 1762 et fut baptisé le même jour dans la cathédrale de Saint-Hugues, par son oncle messire René de Bardonnenche, vicaire général du diocèse. Il eut pour parrain son grand-père, messire Hugues-Joseph de Valernod, premier président au présidial de Valence; et pour marraine, dame Françoise du Puy de Murinais, épouse de messire Victor Falcoz, comte de La Blache (1).

Dès l'âge de 15 ans, le 21 avril 1778, il entra dans l'armée comme officier du régiment du roi dont était colonel son oncle, le marquis de Beausemblant. Peu après la mort de son père et de sa mère, il hommagea au roi devant la Chambre des comptes du Dauphiné, le 8 juillet 1784 (1):

La terre de Moras, comprenant les seigneuries de Moras, Saint-Sorlin, Mantes et Epinouze, le marquisat de Lens-Lestang avec la seigneurie de Chatenay, les maisons fortes de Montmartin et de La Sône, les terres et seigneuries de Marcolin et de Sablon, qu'il possédait comme héritier de Victor de Murat, son père, suivant son testament du 21 octobre 1769;

Plus la terre et seigneurie de Fay, qu'il possédait comme héritier de sa mère, dame Marie de Valernod, par testament du 30 avril 1780 (1).

(1) Expédit. auth. et lettres. Arch. du château de Moidière.

Le marquis Casimir de Murat épousa, le 16 juin 1788, à Paris, en la chapelle de l'hôtel de Rohan-Chabot, très haute et très puissante demoiselle Aglaé-Charlotte-Marie de Broglie, princesse du Saint-Empire, âgée de 16 ans, fille de très haut et très puissant seigneur Monseigneur Victor-François duc de Broglie, prince du Saint-Empire romain, maréchal de France, chevalier des ordres du roi, gouverneur et commandeur en chef de la province des Evêchés et de très haute et très puissante dame Louise-Augustine Salbigothon-Crozat de Thiers (1).

Les témoins du marquis de Murat furent monseigneur Claude-Henri-Marin de Montchenu, baron de Thodure, colonel de cavalerie, son cousin germain, et monseigneur Henri-Thomas-Charles de Preissac-Fezensac, duc d'Esclignac, grand d'Espagne de première classe, seigneur et marquis d'Esclignac et de Firmaçon, comte d'Artas-Lefort, vicomte de Montferrand, baron de Marestang, colonel de cavalerie, son cousin.

Ceux de la princesse de Broglie furent Etienne-Louis de Damas, comte de Cirey-le-Châtel, maréchal des camps et armées du roi, chevalier des ordres de Sa Majesté, et Jean-Thérèse-Louis de Beaumont, marquis d'Autichamp, maréchal des camps et armées du roi, commandeur de Saint-Louis et de Saint-Lazare.

Au contrat signèrent, outre les témoins déjà cités : Le comte Charles de Broglie, l'abbé Maurice de Broglie, le prince Victor de Broglie, la comtesse Louis de Helmstatt, la marquise de Boisse, la princesse de Broglie, le comte de Lameth, le marquis de Fournès, le comte de Helmstatt, le chevalier de Lameth, le comte Duchatel.

---

(1) Extraits des arch. de la Drôme et de Lens-Lestang.

Casimir de Murat, fit ses preuves au cabinet des ordres du roi en 1787, à l'effet d'obtenir les honneurs de la cour. Il y fut admis le 27 janvier 1788 et reçut une lettre du prince de Lambesc, l'invitant à accompagner Sa Majesté à la chasse au cerf, qui aura lieu ce jour-là (1).

La Révolution allait éclater. Le marquis de Murat était alors aide de camp de son beau-père, le maréchal de Broglie. Nommé colonel à la suite du régiment de Beauvoisis, le 27 octobre 1791, il servit dans l'armée des princes pendant les campagnes de 1792, 1794 et 1795.

Lors de la dissolution de l'armée des princes, il se retira avec la marquise de Murat à Munster en Westphalie, qu'il ne quitta que pour se rendre en 1798 auprès de l'empereur d'Autriche, avec lequel il eut plusieurs entrevues concernant la politique générale. Dès son retour en France, en 1815, il fut nommé colonel d'infanterie et chevalier de Saint-Louis, mais il quitta définitivement le service pour essayer de recueillir les débris de la grande fortune de sa famille, dispersée par la Révolution.

Le marquis Casimir de Murat mourut à Paris le 16 juin

---

(1) Il reçut à ce sujet la lettre suivante de Cherin, généalogiste du roi :

J'ai examiné, Monsieur, vos titres. Vos titres remontent de plus d'un siècle au-delà des termes prescrits par le règlement du roi concernant les honneurs de la Cour. J'aurais désiré, Monsieur, satisfaire votre empressement en vous expédiant tout de suite votre certificat, mais vous n'ignorez pas, sans doute, que Sa Majesté a fermé ses chasses depuis le 16 du mois précédent, en sorte que je ne puis m'occuper du compte que je vais rendre au roi de vos preuves, qu'au mois d'octobre prochain, époque où les voitures seront de nouveau ouvertes.

Les papiers de famille se trouvaient encore au cabinet des preuves en 1789 et échappèrent ainsi à l'incendie du château de La Sône.

1843, et la marquise de Murat au même lieu, le 12 août 1846, et furent inhumés tous deux à Rosnay (Marne).

De leur mariage étaient nés dix-sept enfants, dont treize moururent en bas âge ; quatre seulement vécurent, qui sont :

1° Aglaé-*Nathalie*-Henriette, née à Trèves pendant l'émigration, le 16 novembre 1791. Elle épousa à Paris, en l'église de Saint-Thomas-d'Aquin, le 16 juillet 1821, Laurent-Marie-*Othon* de Guillet, comte de Moidière, né au château de Toussieux en Dauphiné, le 28 décembre 1774, fils de Laurent-Nicolas-*Scipion* de Guillet, comte de Moidière, et de Marie-Gabrielle-Agathe-Nicole de Revillasc de Colonne. Ils n'eurent pas d'enfant de leur union.

Le comte Othon de Moidière était veuf en premières noces de Marie-Gabrielle-Adèle de Monts de Savasse, dont il avait eu une fille unique, Marie-Françoise-*Pauline*, qui épousa, le 6 janvier 1834, le marquis Victor de Murat de Lestang, frère de sa seconde femme.

La comtesse de Moidière est décédée au château de Moidière le 6 juin 1847, et le comte de Moidière au même lieu, le 8 novembre 1848.

2° *Henriette*-Marie-Geneviève, née à Paris le 4 mars 1804. Elle épousa à Paris, en l'église de Saint-Thomas-d'Aquin, le 5 mai 1832, Charles-André-*Eugène* du Hamel, chevalier de Brazais, vicomte de Breuil, né à Reims le 25 novembre 1787, fils de Charles-André du Hamel, chevalier de Brazais, vicomte de Breuil, et de Louise-Anne-Gédéon de Sahuguet de Termes.

Il avait suivi la carrière des armes et était lieutenant-colonel des hussards de la garde, chevalier de Saint-Louis et officier de la Légion d'honneur lorsqu'il donna sa démission après la Révolution de 1830.

Henriette-Marie-Geneviève, morte et inhumée à Rosnay (Marne), le 18 octobre 1873.

Charles-André-Eugène, mort et inhumé à Rosnay, le 2 avril 1870.

De son mariage avec Henriette de Murat sont nés :

A. Charles-René-Marie du Hamel, vicomte de Breuil, né à Paris le 20 avril 1833, ancien officier de cavalerie, commandant des mobiles de Reims pendant la guerre 1870-71, lieutenant-colonel du 46e régiment territorial d'infanterie, chevalier de la Légion d'honneur, a épousé à Lyon, en 1867, Marie-Thérèse-*Valentine* de la Plagne, d'où :

1º Marie-*Marguerite*-Eugénie-Henriette, née à Lyon, le 9 mars 1869 ;

2º *Paul*-Charles-Michel-Joseph-Marie, né à Lyon, le 4 avril 1870, mort au château de Rosnay, le 5 juillet 1871 ;

3º *Marie*-Anne-Joséphine, née au château de Rosnay, le 16 août 1874 ;

4º *Renée*-Henriette-Micheline-Marie, née au château de Rosnay, le 14 décembre 1875 ;

B. Paul-Hugues-Alexandre, né à Paris, le 24 avril 1835, mort à Paris, le 10 avril 1838 ;

C. Eugène-Alexandre-Henri-Marie, né à Paris, le 8 avril 1857, mort à Paris, le 2 février 1888 ;

D. Edgard-Marie-Victor, né à Paris, le 19 décembre 1839, ancien officier supérieur de cavalerie ;

3º *Victor*-Marie-Maurice de Murat de l'Estang, dont l'article suit ;

4º Auguste-*Henri*-Marie de Murat de l'Estang, dont l'article viendra après celui de son frère Victor.

XVIIᵉ DEGRÉ

VICTOR-MARIE-MAURICE DE MURAT, marquis de Lens-Lestang, fils de Casimir de Murat et de Aglaé de Broglie, né à Paris le 18 mars 1812.

Il épousa, le 7 janvier 1834, au château de Moidière en Dauphiné, mademoiselle Marie-Françoise-*Pauline* de Guillet de Moidière, fille de Marie-Laurent-Othon de Guillet, comte de Moidière, et de défunte Gabrielle-Adèle de Monts de Savasse. Au mariage furent présents Eugène du Hamel, vicomte de Breuil, lieutenant-colonel de cavalerie, chevalier de Saint-Louis, officier de la Légion d'honneur, Louis-Arnoult, comte de Michalon, André-Hippolyte, vicomte de Leusse, Othon, comte de Moidière, Casimir de Murat, marquis de Lestang, le chevalier de Mirecourt, la comtesse de Leusse, née de Beausemblant, la vicomtesse de Leusse, née de Leusse, Aglaé, princesse de Broglie, marquise de Lestang, la comtesse de Moidière, née de Guillon, Henri de Murat, comte de Lestang. La marquise de Murat est décédée au château de Moidière le 14 mai 1871 et le marquis de Murat au même lieu le 29 septembre 1876. De leur union sont nées deux filles :

1° *Edith*-Marie-Françoise-Aglaé, née à Lyon le 24 novembre 1834, décédée au château de Moidière le 10 octobre 1885. Elle avait épousé, le 15 novembre 1859, au château de Moidière Henri-Marie-*Armand,* vicomte Dugon, fils de Nicolas-Louis-Charles, comte Dugon, et de Marie-Armande-Antoinette de Moyria-Châtillon, né à Dijon le 6 juin 1832.

Il est décédé au château de Moidière le 3 décembre 1888. De ce mariage sont nés :

1° *Charles*-Marie-Armand, né à Lyon, le 5 septembre 1862 ;

A épousé, le 29 avril 1891, à Besançon :

Marie-Jeanne-Juliette de Mareschal-Vezet, née au château d'Andelarre, le 6 février 1870 ;

2° Marie-Josèphe-Victorine-*Édith*, née à Lyon, le 2 juillet 1864 ;

3° Marie-Josèphe-Henriette-Marguerite, née à Lyon, le 2 juillet 1864, décédée à Lyon, le 12 avril 1869 ;

4° Marie-*Robert*-Josèphe-Élie, né au château de Moidière, le 9 juin 1870.

2° *Aglaé*-Laurence-Zoé-Marie, née à Lyon le 26 novembre 1835. Elle épousa à Paris, le 1er mai 1861, Louis-*Jules* Nodler, né le 17 mai 1826, mort à Paris le 5 avril 1866, fils de Jean Nodler, officier de cavalerie, et de Jeanne-Josèphe-Magdeleine de Lapierre de Pierrefort.

De ce mariage est né :

1° Paul-Ernest-*Henri*, né à Paris, le 17 novembre 1862.

XVIIe DEGRÉ

Henri de Murat.   Auguste-*Henri*-Marie de Murat, comte, puis marquis de Lens-Lestang à la mort de son frère aîné, né à Paris le 29 juin 1815, a été vice-président des conférences de Saint-Vincent-de-Paul de Paris, administrateur du bureau de bienfaisance de Paris et membre de la Société de secours mutuels de Saint-Thomas-d'Aquin. Il a été nommé commandeur de Saint-Grégoire par Sa Sainteté Pie IX.

BRANCHE ÉTABLIE EN ORLÉANAIS

XVIᶜ DEGRÉ

MARIE-ELZÉARD DE MURAT, COMTE DE LESTANG, fils de
Victor de Murat, marquis de Lestang et de Marie de
Valernod.

Marie-Elzéard
de Murat.

Thérèse Dauwe.

Il naquit à Grenoble le 17 juin 1765, et fut nommé dès
l'âge de dix-sept ans officier de marine. Il faisait, en 1782,
sa première campagne à bord du vaisseau de ligne *Le Suffisant*, lorsque son frère cadet Jean-Gabriel fut tué à côté de
lui au siège de Gibraltar, le 20 octobre. La Révolution
l'obligea à quitter la marine et à se réfugier à Londres avec
son frère Victor-Henri, comte de Montferrand.

Ses services furent récompensés par la décoration de
l'ordre royal et militaire de Saint-Louis.

Il devint acquéreur, en 1833, de la terre du Bruel en
Orléanais, et mourut à Paris le 3 août 1837, ne laissant de
son mariage avec Thérèse-Euphrasie Dauwe, qu'un fils
unique :

1° Antoine-Elzéard de Murat de Lestang, qui suit :

XVIIe DEGRÉ

Antoine-Elzéard
de Murat.

Ida de la Cretaz.

ANTOINE-ELZÉARD DE MURAT, COMTE DE LESTANG, fils de Marie-Elzéard de Murat.

Il naquit à Paris le 6 juin 1821.

Il fit partie de l'état-major de la garde nationale de Paris, où ses services lui valurent de recevoir la décoration de la Légion d'honneur.

Il était lieutenant-colonel dans ce corps lors de sa dissolution.

Elzéard de Murat a épousé, le 7 avril 1847, Isabelle-Éléonore-Ida de La Cretaz.

De leur union sont nés :

1° Gaston-Charles-Elzéard de Murat de Lestang, né à Paris le 15 mars 1848.

Il prit part à la guerre de 1870 comme officier dans le 4ᵉ régiment des mobiles du Loiret, dont il fut nommé capitaine pendant la défense de Paris. Blessé mortellement au combat de Buzenval, le 19 janvier 1871, il mourut le 9 février suivant, après avoir eu la consolation et l'honneur d'être nommé chevalier de la Légion d'honneur. Il n'avait que vingt-deux ans ;

2° Arthur, qui suit ;

3° Gontran, ci-après.

XVIIIᵉ DEGRÉ

ARTHUR-GUSTAVE-ERNEST DE MURAT, COMTE DE LESTANG, fils de Elzéard de Murat et de Ida de La Cretaz.

Arthur de Murat.
Louise Gautray.

Né à Paris le 3 octobre 1849.

Il fit la guerre de 1870 comme officier de l'armée de l'Est.

Il a épousé à Mandres, le 8 juin 1887, sa cousine germaine, Louise Gautray, fille de Oscar Gautray et de La Cretaz.

De ce mariage est né un fils :

Jehan, né le 25 avril 1889.

XVIIIᵉ DEGRÉ

GONTRAN, VICOMTE DE MURAT DE LESTANG, fils de Elzéard, comte de Murat, et Isabelle-Éléonore-Ida de La Cretaz,

Gontran de Murat
Thérésine d'Ailly.

Né à Paris le 16 février 1861.

Il a épousé à Paris, le 2 juin 1886, Marie-Thérèse d'Ailly, fille de Gabriel, baron d'Ailly, et de Isabelle de Tavernost.

Bourlier

6

De ce mariage sont nés :

1° Fernand, né au château d'Alosse, le 17 mars 1887 ;

2° Isabelle, née au château d'Alosse, le 1er novembre 1888 ;

3° Alice, née au château d'Alosse, le 16 janvier 1890.

BRANCHE DE MURAT-MURINAIS

XVᵉ DEGRÉ

CLAUDE-LAURENT DE MURAT DU PUY, COMTE DE MURI-
NAIS, seigneur de Pact et de Revel, fils de Claude de Murat
et de Gabrielle de Falcoz de La Blache, né à Grenoble le
15 novembre 1729.

Claude-Laurent
de Murat-Murinais
Pierrette de Bectoz

Il suivit la carrière des armes et était major du régiment
de Royal-dragons et chevalier de Saint-Louis, lorsque
éclata la Révolution. Il servit dans l'armée des princes, et
après sa dissolution se retira à Augsbourg, où il mourut.
Claude Laurent hérita, en 1780, de son oncle de Falcoz,
comte du Puy de Murinais, des seigneuries de Pact et de
Revel, sous la condition de joindre à son nom le titre et le
nom du testateur.

Il avait épousé, en 1764, à Paris, Pierrette de Bectoz, avec
laquelle il fit son entrée solennelle à Pact et Revel, le
28 mai 1764.

De ce mariage naquit pendant l'émigration un fils
unique :

1º Jean-Marie-Laurent, qui suit.

XVIᵉ DEGRÉ

Jean-Marie Laurent
de Murat-Murinais
Lucie de Barjac.

JEAN-MARIE-LAURENT DE MURAT DU PUY, COMTE DE MURINAIS, né pendant l'émigration en Allemagne, fils de Claude-Laurent (1), et de Pierrette-Caroline de Bectoz.

Il épousa, le 10 juin 1824, Lucie-Julie-Françoise de Barjac, et mourut l'année suivante à Grenoble, le 4 mai 1825, laissant un fils unique :

1° Jules-Charles-Laurent, qui suit.

XVIIᵉ DEGRE

Jules-Charles-
Laurent
de Murat-Murinais

JULES-CHARLES-LAURENT DE MURAT DU PUY, COMTE DE MURINAIS, fils de Jean-Marie-Laurent et de Lucie de Barjac.

Né à Grenoble en 1825, décédé au château de Fontlozier, le 15 mars 1889.

Il épousa en premières noces Stylite-Marie-Joséphine Laurence de Barjac, fille de Jules-François-Claude de Barjac et de Louise-Charlotte de Barrin. Elle décéda à Valence le 5 février 1861, à l'âge de vingt-sept ans.

---

(1) La famille n'a pu se procurer ni l'acte de décès de Claude-Laurent, ni l'acte de naissance de Jean-Marie-Laurent.

Elle avait eu :

1º Lucie-Marie-Joséphine, née le 28 juillet 1857, décédée le 6 octobre 1867 ;

2º Ève-Élisabeth-Charlotte, née le 4 novembre 1858. Elle se fit religieuse de Saint-Vincent-de-Paul et est décédée ;

3º Marie-Césarine-Jeanne. Elle a épousé, le 22 juin 1880, Marie-Joseph-Louis-Roger de Geis de Guyon de Pampelonne, qui est décédé à Lyon le 18 mai 1884, laissant :

  1º Marie-Louis-Victor-Roger, né à Fontlozier, le 21 juillet 1884.

Le comte de Murat-Murinais a épousé en secondes noces, le 17 février 1868, Georgine-Marie-Bénédicte de Barjac, sœur de sa première femme.

Il en eut :

1º Jules-Amédée-Joseph, né le 3 juillet 1869, décédé le 4 août de la même année ;

2º Paul-Louis-Laurent, née le 16 décembre 1870, décédé le 8 février 1873 ;

3º Amédée-Charles-Joseph, né le 25 décembre 1872, décédé le 3 janvier 1878.

LYON. — IMPRIMERIE MOUGIN-RUSAND

www.ingramcontent.com/pod-product-compliance
Lightning Source LLC
Chambersburg PA
CBHW070855280326
41934CB00008B/1447